Copyright© 2020 by Literare Books International.
Todos os direitos desta edição são reservados à Literare Books International.

Presidente:
Mauricio Sita

Vice-presidente:
Alessandra Ksenhuck

Capa:
Anna Bitão

Projeto gráfico e diagramação:
Gabriel Uchima

Revisão:
Luciana Mendonça

Diretora de projetos:
Gleide Santos

Diretora executiva:
Julyana Rosa

Diretor de marketing:
Horacio Corral

Relacionamento com o cliente:
Claudia Pires

Impressão:
Editora Evangraf

Dados Internacionais de Catalogação na Publicação (CIP)
(eDOC BRASIL, Belo Horizonte/MG)

L154c Ladeira, Ana.
   Casa do triunfo / Ana Ladeira. – São Paulo, SP: Literare Books International, 2020.
   14 x 21 cm

   ISBN 978-65-5922-004-5

   1. Literatura de não-ficção. 2. Catolicismo. 3. Fátima, Nossa Senhora de. I. Título.

CDD 232.931

Elaborado por Maurício Amormino Júnior – CRB6/2422

Literare Books International Ltda.
Rua Antônio Augusto Covello, 472 – Vila Mariana – São Paulo, SP.
CEP 01550-060
Fone: (0**11) 2659-0968
site: www.literarebooks.com.br
e-mail: contato@literarebooks.com.br

CASA DO TRIUNFO

Prefácio
ADVERTÊNCIA
Cognitio Dei experimentalis

A experiência mística não é alvo de estudo da filosofia, pois esta é acessível apenas a alguns seres humanos que recebem de Deus a missão de serem porta-vozes das verdades espirituais. Este livro relata a experiência pessoal de uma mística destes tempos, que são os últimos, cujo conteúdo disseca com profundidade as bases espirituais do cristianismo, na singeleza e na simplicidade de um testemunho aparentemente despretensioso de alguém que escreve quase que por obrigação, a pedido de ninguém menos que da excelsa Mãe de Deus. E isso configura para o leitor grande apreciação, pois os profetas, salvo raras exceções, foram convidados a profetizar, sentindo grandioso constrangimento e insegurança. Veja-se Isaías, Jeremias, Samuel...

O povo de Deus tem a peregrinação, na sua essência primeira, como chamado Divino a deixarem os seus lares em busca de ouvir a Sua Voz. Seja Elias na Montanha Sagrada para ouvir o Senhor, seja Jesus no deserto ou no Tabor, o Profeta de Deus e o próprio Deus se retiraram a lugares especiais e santos, com o objetivo de experimentar a Graça do Pai!

CASA DO TRIUNFO

Em meio a isso, faz-se necessário salientar que para que a planta não pereça é necessário que ela esteja bem fixada às suas raízes. Este livro vem não apenas nos ensinar o que é ser peregrino, mas, antes de tudo, nos recordar que a vocação cristã está sustentada nos alicerces da verdadeira peregrinação: vida espiritual, oração, jejum, abstinência, sacramentos, obediência e confiança. Profunda confiança na Providência Divina. A própria Igreja é dita peregrina, pois, em verdade, em verdade vos digo: Esta terra não é o nosso lar. Somos cidadãos do céu!

Todavia, faço a primeira advertência deste que deveria ser um prefácio, mas, antes, um alerta. Se o leitor pensa que encontrará aqui uma enciclopédia teológica e complexa, uma fórmula mágica de subir as escadas de Jacó ou mesmo um manual de autoajuda – tão vigente na atualidade –, já se enganou no cabo. Esqueceu que a obra é dEle, por Ele e para Ele, mas inspirada por Ela! Essas folhas escritas pela Vidente da Mãe do Infinito Amor (ou Confidente, como ela prefere), foram escritas por Ladeira, mas com a assinatura da Toda Santa. E aqui, eu ponho a segunda advertência. A linguagem é simples e direta, a estilística é aparentemente casual, beirando um informalismo. A história é dotada de pitadas de doçura. Às vezes, tem-se a sensação de que a própria Virgem ri carinhosamente ao leitor, quando a escritora descreve o amor e o afeto que a Mãe de Deus teve por ela e suas amigas, nessa Epopeia Luso-brasileira, Mãe do Infinito Amor – Fátima. Que sensação medonha e terrível inusitada e singular, mas maravilhosa e indescritível perceber que a própria Virgem parece ter redigido este livro, quase que como num ditado a essa sua aluna predileta. E mesmo que a mão tenha sido humana, a tinta e a pena foram celestiais, pois o caminho percorrido foi por Aquela determinado, guiado e subscrito. Desse modo, compreenda, caro leitor, que aqui vai o próximo alerta. Leia-o em oração, com afinco e comprometimento. Retire-se você também, mesmo que dentro de sua própria casa, pois escondido nas linhas desta obra, quase que por encanto, se esconde precioso unguento capaz de ungir e de curar a vida de seus leitores-peregrinos. Leia-o com calma, medite, reflita e ore. Principalmente ore! Solicito que emudeça os seus alvoroços pessoais, que se coloque a caminho do lugar Santo que a Virgem lhe preparou, por meio da leitura desse manuscrito. Observe os conselhos de Nossa Senhora contidos aqui, como se fossem para você. Leia-o como se ela lhe falasse, pois a experiência da Vidente e de suas fiéis escudeiras também é nossa! E aqui eu contraponho o subtítulo: *Cognitio Dei Experimentalis* (Conhecer Deus por experiência). Essa é a definição da mística católica para o místico que experimenta Deus. Todavia, ela é também definição para quem lê essas venturosas páginas, pois tenho por certo que experimentarão Deus aqueles que se puserem a ler esta obra, peregrinando pelo seu significado e pelos caminhos sagrados que ela pode levar.

E, para finalizar, a última advertência vai para a autora. Minha cara amiga, a sua experiência é bem maior que você e, certo, lhe digo que ela não é mais só sua, mas também é nossa! Por meio do que você e suas amigas viveram, poderemos, por meio dos seus olhos, vislumbrar as belezas do céu ainda na Terra.

Por meio da publicação deste aparentemente despretensioso livro, rico de verdades espirituais milenares e santas, Ana Paula Ladeira Carvalho Silveira escreve eternamente o seu nome no livro

CASA DO TRIUNFO

dos místicos católicos, esses eleitos, tão espirituais, responsáveis por lutar contra as forças das trevas, incumbidos na dura tarefa de lutar arduamente contra a destruição espiritual da humanidade.

Itaperuna, primavera/2020,

Vinícius Evangelista Dias

SUMÁRIO

PRIMEIRAS PALAVRAS 11

Capítulo 1
OUVIR UM CHAMADO 15

Capítulo 2
DAR A RESPOSTA 21

Capítulo 3
NA CASA DE ALCIONE, SOMOS RECEBIDAS 25

Capítulo 4
NA CASA DE DANIELA, RECEBEMOS
VALIOSA RECOMENDAÇÃO 31

Capítulo 5
NA CASA DE ALINE, TIVEMOS UM ENCONTRO
DE AMOR, DE VIDA E DE ETERNIDADE 35

Capítulo 6
NA CASA DE FERNANDA, FOMOS
CONSOLADAS POR MARIA 39

Capítulo 7
NA CASA DE GIOCONDA,
SOMOS CORRIGIDAS 43

Capítulo 8
NA CASA DE ROSANGELA,
REATAMOS A ALIANÇA DE AMOR 47

Capítulo 9
NA CASA DE LUIZA,
FOMOS ILUMINADAS 51

Capítulo 10
EM MINHA CASA, SOMOS
CONVIDADAS A COMBATER 57

Capítulo 11
BENÇA MÃE! 63

Capítulo 12
EMBARQUE NA FÉ 69

Capítulo 13
BELEZAS NO CAMINHO 75

Capítulo 14
A CASA DO TRIUNFO 83

Capítulo 15
NOITE DE LUZ 91

Capítulo 16
BOSQUE DE VALINHOS 97

Capítulo 17
ALJUSTREL – A CASA DOS PASTORINHOS 105

Capítulo 18
VOLTANDO PARA CASA 111

Capítulo 19
POR FIM, MEU IMACULADO
CORAÇÃO TRIUNFARÁ 115

Capítulo 20
PEREGRINAS DO INFINITO AMOR 125

PRIMEIRAS PALAVRAS

Peregrinar não é viajar, tirar férias ou simplesmente passear com o "povo da igreja". Peregrinar tem um sentido mais amplo e, sobretudo, mais profundo. O peregrino nem sempre é aquele que reúne as condições de um turista como: dinheiro, roteiro, malas, passagens e fotos. É claro que, às vezes, as coisas que se listam são necessárias, mas na vida do peregrino não são essenciais. O essencial para o peregrino é o chamado místico que toca o coração e faz, então, surgir a PEREGRINAÇÃO. O peregrino é, de fato, aquele que acolhe o chamado de Deus, põe em ação este projeto em sua vida e, assim, obstinado no seu propósito, não desiste da caminhada se o tempo muda, se tem frio ou fome, se as condições são desfavoráveis. O turista muda o roteiro, o peregrino mantém o destino como meta a ser alcançada. Segue, rumo ao destino firmado em Deus, na certeza da providência divina diante de suas necessidades ou fragilidades humanas.

No ano de 2019, fomos chamadas de "peregrinas". Este é o foco dos relatos que você, caro leitor, lerá neste livro. Digo "nós" porque o convite a peregrinar foi feito a oito mulheres,

CASA DO TRIUNFO

esposas, mães e, graças a Deus, minhas amigas na fé e no amor por Nossa Senhora.

Meu desejo, ainda egoísta, era guardar tudo o que vivemos no meu coração, exatamente como fazia a Virgem Santíssima diante dos maravilhosos momentos de servidão a Deus na pessoa de seu filho Jesus. Se era dor ou alegria, não importava; pois, com sua fiel servidão, a Senhora guardava na alma as histórias vividas. Quanta coisa devia guardar o coração desta mulher, esposa, mãe e amiga dos amigos de Jesus! Para mim, é fácil guardar, difícil mesmo é contar as intimidades do meu amor por Maria. Mas, o que fazer se Ela mesma me pede tão insistentemente para dividir com você, que tem este livro nas mãos, o extraordinário e místico desta peregrinação?

Só sei obedecer, todavia, mesmo que demore um pouco a entender algumas coisas, meu ser se faz totalmente inclinado para a obediência aos desejos de minha Mãe e Senhora. Dessa forma, termino aqui a primeira revelação de minha vontade e expresso minha mais pura fragilidade. Desculpe-me! Na singeleza da minha escrita, imaginava o transcorrer de um diálogo íntimo, um diário que guardaria em segredo, contudo, faz-se necessário ampliá-lo e, assim, sermos não apenas Ela e eu, mas nós conversando nas linhas desta obra aberta, uma vez que a pretensão é tão somente obedecer!

E, nessa perspectiva, nos próximos capítulos, você lerá uma espécie de "Memórias" sobre esse tempo de peregrinação que iniciou em janeiro de 2019 com um convite ou chamado, como queira considerar, e terminou em novembro de 2019 com a viagem propriamente dita para Fátima, em Portugal. Entre o convite e a viagem, muita coisa aconteceu e de forma muito especial para mim e para as demais peregrinas: Alcione, Aline, Daniela, Fernanda,

CASA DO TRIUNFO

Gioconda, Luiza e Rosangela, uma grande transformação de vida se concretizou nos mais diferentes aspectos e contextos.

Acho que, para ser melhor entendida, preciso deixar o registro de que minha relação amorosa com Maria começa quando eu ainda era criança, rezava três Ave Marias ao pé da cama e me vestia de anjinho no mês de maio para coroar a Rainha. Porém, para além dessas intimidades que já me bastavam para amá-la com muita intensidade, fui agraciada com uma visita de Nossa Senhora (1995) que ao aparecer intitulou-se Mãe do Infinito Amor, cujo Santuário fica em Itaperuna-RJ, minha cidade natal. A partir desse maravilhoso acontecimento que mudou minha história, sou conhecida como a "vidente" da Mãe do Infinito Amor, porém agradecerei imensamente se você, querido leitor, puder me considerar como "confidente". Ouço, sinto, vejo e falo coisas que outras pessoas não ouvem, não sentem, não veem e não falam e isso pode parecer a definição do comportamento de um louco (o que por algum tempo pensei que realmente eu fosse), no entanto, os médicos aos quais fui submetida para avaliação psicológica a pedido da Igreja, disseram que não se trata de loucura ou nenhum outro distúrbio mental. Posto isso, acredito na medicina, mas, você sinta-se livre para tirar suas próprias conclusões. Isso não é essencial para prosseguir na leitura, mas seria importante que me concedesse o benefício da dúvida, enquanto o Espírito Santo faz seu trabalho. Considere que de fato me tornei alguém sensível aos afetos místicos. As aparições de Nossa Senhora terminaram em 1996, não obstante, confesso que, de tempos em tempos, Ela me consola com algumas palavras, visualizações e inspirações que se revelam pela poderosa ação do Espírito Santo.

CASA DO TRIUNFO

Submetendo-me à vontade de Maria Santíssima, compartilho com você a experiência mística que me levou à Casa do Triunfo, uma peregrinação de Itaperuna a Portugal.

Capítulo 1
OUVIR UM CHAMADO

No chamado interior para me encontrar com meu amado Jesus na Eucaristia, por vezes, me sinto acolhida pelo colo maternal de Maria Santíssima. Penso que Ela deve se valer da presença santificadora de seu Filho para se achegar às minhas humanidades e fraquezas. E, foi assim, num momento de ação de graças, após a sagrada comunhão eucarística, que recebi o chamado para peregrinar a Fátima.

Pela beleza e riqueza desse momento, vale a pena nos determos nesse cuidado materno ao me fazer esse convite.

Era dia 12 de janeiro, um sábado quente, mas também com pancadas de chuva em função do intenso calor. Eu estava em Florianópolis (SC), onde passava férias com minha família e amigos. No bairro em que estávamos, Praia dos Ingleses, a Santa Missa só acontece aos sábados. Confesso que não me alegra muito participar da missa no sábado com liturgia dominical, mas o faço com todo zelo quando não há alternativa. A igreja era Sagrado Coração de Jesus, um templo amplo e adornado com um lindo mosaico que retratava o amor de Deus por meio de episódios narrados por Jesus em suas parábolas e vida pública.

CASA DO TRIUNFO

Passei toda parte preparatória para a Santa Missa contemplando aquela maravilha de arte sacra, sentindo-me muito amada e ouvindo o grupo de músicos cantar lindamente. Entreguei-me às delícias de estar na casa de Deus. De maneira muito animada e amorosa, o celebrante começou a nos conduzir em oração com acolhimento, ato penitencial e hino de louvor. Estava tão imersa e entregue na participação do Sacrifício de Amor de um Deus que se torna pão para nutrir minha caminhada cristã, que demorei a perceber que se tratava de uma celebração eucarística presidida por um diácono e não da Santa Missa. Aquela celebração me fazia sentir elevada ao céu, havia uma atmosfera que não permitia distrações e pensamentos perdidos. Eu estava me sentindo muito feliz e grata a Deus e à Nossa Senhora por me amarem e me permitirem estar em família naquela celebração.

Era chegada a hora de me encontrar intimamente com meu amado Jesus. O coração acelerou muito, como sempre se fez em minhas mais profundas comunhões com Ele. Voltei ao meu lugar um pouco ofegante e me ajoelhei. Ali comecei minhas declarações de amor que, às vezes, são tão repetitivas e, então, numa visualização muito realista, fui levada a outro lugar que não conhecia. Parei de ouvir a música cantada na igreja, senti-me sozinha nesse novo lugar com paredões enormes, corredores extensos muito iluminados. Senti que meu anjo da guarda me acompanhava, subi uma rampa e me deparei com um imenso pátio que atravessei e, em seguida, me vi diante de uma imagem branca com características da Virgem de Fátima. Como alguém que fala usando uma espécie de telepatia (não sei descrever bem minhas conversas com a "Senhora" – ela fala sem emitir som e eu a escuto sem saber como é a sua voz.

CASA DO TRIUNFO

Poderia até usar a metáfora que uso com os pequenos alunos da escola, onde sou orientadora pedagógica: "Vamos falar com a voz do coração!" – tudo fica em silêncio). Bem, desculpe por me perder assim no contexto da escrita, mas esta é minha essência – falo demais! Da forma como descrevi anteriormente, ouvi a Virgem dizer: "— Quero que venha ao meu Santuário em Fátima ainda este ano e traga algumas pessoas com você!". Vi, em seguida, o rosto de cinco amigas: Fernanda, Daniela, Aline, Luiza e Rosangela. Estavam bem agasalhadas e sorriam com muita beleza. Para mim, tudo isso aconteceu de forma muito demorada, mas percebi que houve um hiato no tempo quando voltei a escutar o hino de ação de graças e vi que muitos na igreja ainda estavam ajoelhados e rezando: levantei-me meio sem entender o lugar que havia visto, o que tempos depois, ao ver fotos, reconheci ser a parte nova do Santuário de Fátima – a Basílica da Santíssima Trindade.

Ao término da celebração, eu estava um pouco atordoada e bem pensativa no convite recebido. Como eu visitaria Portugal? E ainda mais, como falaria isso para outras cinco mulheres casadas e com filhos? Então, segui a receita mariana: "guardei no coração e comecei a rezar para que eu pudesse cumprir mais este convite de amor infinito". Não contei a ninguém sobre o que me aconteceu nesse dia.

As férias terminaram, regressei para Itaperuna e, no caminho de volta, dormimos em Aparecida do Norte. Aproveitamos a oportunidade, pois, como era dia 14 de janeiro – aniversário do meu marido e da minha primogênita –, fomos à Basílica de Aparecida. Lá, ao passar pela imagem que foi retirada do rio pelos pescadores, pedi à Mãe que me fizesse entender melhor o convite feito e me desse sabedoria para aceitá-lo. Como se não bastasse o

CASA DO TRIUNFO

dilema de dizer para aquelas cinco mulheres que Nossa Senhora as queria do outro lado do oceano, ainda me perturbava a dúvida sobre se eu teria visto tudo que era para ter percebido na visualização de 12 de janeiro. Minha inquietação se dava pelo fato de que essas cinco mulheres e eu integramos um grupo de amigas que se chama "Luluzinhas", e nesse grupo somos num total de oito mulheres, e eu não havia visto duas: a Alcione e a Gioconda. A Senhora não havia me dito nomes, mas me fez ver as imagens das pessoas. E se eu não tivesse visto direito? O Divino se utiliza do humano, e o humano é falho! Nas mãos da Mãe Aparecida, coloquei essa dor e essa dúvida. Não queria magoar minhas amigas, mas não desejava de maneira alguma desobedecer à minha Mãe.

Rezei muito durante o restante de janeiro. Sentia-me em apuros! Muitas indagações angustiaram meu coração: e os maridos, o que diriam? E os filhos, com quem ficariam?

Na madrugada de 27 de janeiro, fui como que acordada por alguém que chega no canto da cama e nos balança para que despertemos. Isso é comum de me acontecer, portanto, depois de anos, já sei que quando isso acontece é para levantar e rezar, não importa quem precise da oração. Meu anjo da guarda a recolhe e coloca à disposição da Virgem. Fui para a sala com o terço nas mãos e rezei por mais ou menos 30 minutos. Eram 4h30min da madrugada. Antes de voltar para o quarto, abri meu celular, li as mensagens da noite anterior e passei por um aplicativo de rede social que me aparecia com notificação de comentário. Ao abri-lo, deparei-me com um anúncio patrocinado de uma agência de viagens muito conhecida e nele a oferta de um pacote com passagem aérea para

CASA DO TRIUNFO

Lisboa, hospedagem por R$ 2.800,00 por pessoa, dividido em dez vezes. Era o milagre do qual eu precisava! Por essa quantia conseguiríamos ir a Fátima depois de dez meses! Nessa mesma hora, printei a tela, ajoelhei, agradeci, aceitando aquele ocorrido como um sinal da providência e intercessão de Nossa Senhora. Perguntei em oração: "— Posso convidar as sete?". E como resposta ouvi no coração: "— Convide a todas!". Bendita oração de 30 minutos que me abriu as vias para atender ao chamado da Mãe!

No mesmo dia, fiz contato com uma franquia da agência de viagens em minha cidade e começamos a acertar os detalhes. Tudo sem que nenhuma das outras convidadas soubesse. Eu acreditava que precisava fazer a minha parte, porque da parte de Deus tudo se cumpriria. A fé precisa ser o motor das nossas ações, só assim se pode fazer a maravilhosa experiência de viver da providência divina. Viver de fé é viver de pé, como Maria aos pés da cruz de Jesus.

Capítulo 2
DAR A RESPOSTA

Dia 28 de janeiro de 2019, as sete amigas foram convidadas para um café da tarde em minha casa. Não sabiam o motivo, mas disse que precisava conversar muito seriamente com todas. No fim da tarde, estávamos sentadas ao redor da mesa e eu, muito nervosa e até um tanto confusa, contei-lhes sobre o chamado da Mãe. Olhos e ouvidos atentos, imagino o que deve ter passado por aqueles corações que manifestaram confiança nas minhas palavras.

Narrei detalhadamente minha experiência mística em Florianópolis (SC), mas omiti o fato de que tinha visto somente seis pessoas, contando comigo. Não queria magoar ninguém e, como a Virgem havia permitido o convite a todas, não queria interferir na decisão de ninguém. Em seguida, narrei também sobre a experiência de ser acordada às 4h da madrugada na noite anterior e expliquei sobre os aspectos práticos e financeiros que tinham sido providenciados, creio eu, com a ajuda da divina providência.

As cinco que vi na visualização de Fátima se portaram da mesma forma; expressaram a alegria de receber esse convite, mas que precisariam de um tempo para conversar com os maridos, já que financeiramente a viagem era bem viável. Respirei e respondi que elas só teriam dois dias, porque o valor combinado só se manteria até 31 de janeiro. O céu sempre tem pressa! É sempre urgente em nossas vidas!

Para minha surpresa, Gioconda, que casaria a filha em junho, respondeu muito efusivamente que da parte dela estava aceito o convite. Fiquei feliz, mas me preocupei com esta decisão sem muita reflexão. Gioconda é pura emoção, portanto, já era de se imaginar tal reação.

Já Alcione, de pronto, disse que tinha o sonho de ir a Fátima, mas não iria sem a família. Apesar de estar feliz com o convite, não o aceitaria porque esperaria a oportunidade de ir com o marido e os dois filhos. Compreendi perfeitamente, conquanto, intriguei-me com o fato de as duas darem respostas diferentes das demais, porém, guardei esse fato no coração e me calei.

Sendo assim, no dia 31 de janeiro, sete mulheres, mães e amigas, disseram SIM ao chamado de Nossa Senhora. Viagem a Portugal comprada.

Começa então, de fato, a nossa peregrinação. Algumas sem passaporte, outras, como eu, com passaporte vencido. Muitas providências a serem tomadas! Deus não faz o que nós temos plena condição de fazer. Sua providência jamais ultrapassa nossa imobilidade. Quando se decide por dizer SIM ao projeto de Deus, é preciso se colocar a caminho, exatamente como fez Maria depois da Anunciação.

Gioconda e Alcione foram incluídas no projeto original da Virgem, porque por meio delas aprendemos uma valiosa lição, que só muito tempo depois, ao voltarmos de Fátima, reconhecemos: ao responder a um chamado espiritual, seja ele qual for, não devemos aceitá-lo motivados somente pela emoção, tampouco devemos rejeitá-lo exclusivamente à luz de nossas razões.

Todo projeto de Deus para nossa vida se encontra com nossa liberdade de escolha. Dizer SIM a Ele implica escolher a repetição do gesto de Maria quando com a voz e a vida declara: "Eis aqui a serva do Senhor". Eis-me aqui é disposição para mudar, aceitar e acolher o que a vontade dEle imperiosamente manifestar em nossa história. Quem diz sim a Deus, diz não às suas vontades.

Como devemos responder aos projetos de Deus foi o primeiro ensinamento de Maria para nós nessa peregrinação. Demoramos um pouco a compreender a grandeza e a profundidade desse ensinamento, mas tempo é o que menos importa aos olhos do Pai.

Dias se passaram e Alcione recebe de presente a oportunidade de ir a Fátima, assim, abrindo mão do seu sonho particular naquele momento (viajar com a família), ela também procura a agência de viagem e faz a compra de seu pacote de viagem. Bom é saber que nossos "sins" e "nãos" apresentados em resposta a Deus podem não ser definitivos, ademais, a todo tempo temos a oportunidade de refazer nossa resposta e, dessa forma, refazer também nosso caminho, na certeza de que não é possível amar a Deus só quando nos é conveniente ou necessário.

Alegria, euforia, expectativas povoavam nossas mentes de tal maneira, que até mesmo o sono era afetado. Eu, particularmente, depois de tudo concretizado, passei muitas noites sem dormir, ou dormindo somente até às quatro horas da madrugada. Mal sabia eu que isso fazia parte dos planos da Senhora para educar meu organismo ao sacrifício de louvor das vigílias noturnas. Mesmo sem entender os porquês e para quês, levantava-me e logo tinha meu terço nas mãos para rezar.

CASA DO TRIUNFO

Estava muito cansada pela falta de uma noite inteira de sono. Já eram 23 de fevereiro quando fomos surpreendidas por uma nova inspiração e chamado da Mãe. Em um grupo que temos em um aplicativo de rede social, com uma vozinha rouca de sono, pois eram 6h36min, Rosangela compartilha uma moção de oração para o tempo que viveríamos até o dia da viagem para Fátima. Convite gentil de oração: um terço por mês na casa de cada uma de nós, as peregrinas, e o último para completar o que Nossa Senhora chamou de "Novena do Terço" seria na casa dEla – o Santuário Mãe do Infinito Amor. Quanto mistério e cura escondidos nessa simples prontidão para oração! O terço é, de fato, uma arma poderosíssima!

Obedientes a essa inspiração, partimos para a prática. Importante atender ao chamado de Deus seguindo a urgência com que este se manifesta em nossas vidas. Da virgem Santíssima, devemos também aprender a prontidão. A escuta de Deus deve ser seguida pela ação humana. Por conseguinte, como Maria, ouvimos e agimos!

A que por último acolheu o chamado para a peregrinação foi a primeira que ofereceu sua casa para os inícios do projeto da nossa Mãe. Na casa da Alcione, começa nossa peregrinação aos 27 dias do mês de fevereiro.

O encantamento do novo de Deus toma-me em emoção ao lembrar da alegria de começar, da força motivadora do amor vivido nesse tempo. Quisera poder guardar essas memórias tão afetuosas e hospedá-las em minha alma eternamente agradecida. Resta-me obedecer e continuar a escrever, com permanente súplica para que Nosso Senhor e Nossa Senhora se agradem da forma e do sentido que empresto da minha fraca humanidade para cada descrição dos fatos acontecidos.

Capítulo 3
NA CASA DE ALCIONE, SOMOS RECEBIDAS

"Eu as recebo no meu Imaculado coração!"

Noite de 27 de fevereiro de 2019, o ar quente e úmido tornava ainda mais caloroso o encontro para a reza do terço na casa de Alcione. Todo o dia foi de expectativas e preparação, embora ainda não soubéssemos ao certo o que nos era reservado para essa noite.

Aconselhadas por Rosangela, e para agradar nossa Mãe do Céu, cada uma de nós deveria levar uma rosa como oferta de amor à Senhora que nos havia convidado a rezar. Assim fizemos, com rosas e terços, chegamos ao primeiro passo na caminhada peregrina. Daqui em diante, nada de pausas, de recusas ou de vontades próprias, só o olhar fixo no destino estabelecido por Nossa Senhora – Fátima, Portugal.

Fomos surpreendidas pelo acolhimento de Alcione que nos recebeu com um lugar carinhosamente preparado e que tinha como ponto principal uma imagem da Virgem de Fátima de aproximadamente 50 cm e, junto dEla, ajoelhados a seus pés os três Pastorinhos. Uma belíssima imagem que nós outras não conhecíamos e que passou a ser também "imagem peregrina" em todas as casas nas quais rezamos os terços. Na providência espiritual não há lugar para coincidências, tudo realmente se faz por ordens e desejos divinos. Lindo é perceber que quando a Virgem nos indica um caminho a seguir, Ela por primeiro se coloca nesse caminho, junto a nós. Eis o primeiro sinal: "Eu me faço peregrina em suas casas, para que sejam peregrinas em Minha Casa".

Vale confessar aqui, que agora – ao escrever estas memórias – é que tenho a real dimensão do projeto que nos foi ofertado pela Senhora. De verdade, essa luminosidade que clareia minha escrita vai se desvelando de par em par, quando aqui deixo vir do coração, inspirado pela oração, cada frase que se torna em parágrafo e que compõe este texto. Na graça de obedecer, sempre encontro mais do que busquei!

Volto à objetividade do que se destina este capítulo e desculpo-me pelos meus devaneios, sou de fato muito prolixa e me perco de amores em muitas ocasiões.

Alegres, oferecemos nosso terço contemplando amorosamente cada mistério. Meus dedos tocavam as contas como quem tocava afetuosamente o rosto materno de Maria. A cada avanço na meditação dos mistérios me sentia aquecida, afogueada, mas não queria me abanar e correr o risco de perder aquela linda conexão afetiva de oração. Coração acelerado, boca seca, corpo perdendo sensação do próprio peso, desliguei-me do momento, do lugar, das pessoas. Senti o cheiro dEla – inconfundível! Sim, Ela cheira como as rosas! Ao final do terço, encontro-me junto dEla e cumpro com respeito e amor minha

CASA DO TRIUNFO

função de tornar audível a todos o que Ela me diz no coração; não há formas literárias, boas e claras o suficiente para descrever o que se passa nesses momentos. Penso que isso não deva ter, de fato, explicação racional.

Nessa primeira noite, a Senhora disse que nos acolhia em seu Imaculado Coração e que conhecia nossa história em particular, com carinho agradeceu-nos por aceitar seu convite, garantindo que poderia nos encontrar de diferentes maneiras e esclarecendo que seu convite para irmos a Portugal se dava em nossas impossibilidades para que Deus se manifestasse em nosso meio como o Deus do impossível. Prometeu uma benção sobre a vida de nossos maridos e o cuidado especial com nossos filhos, mas nos recomendou, desde o primeiro dia, que limpássemos o nosso coração, que também oferecêssemos muitos sacrifícios ao Senhor, pois esta é a espiritualidade de Fátima – o sacrifício por amor.

Já se ouvia o choro entre nós (chorar foi o que mais fizemos durante esse tempo, mas isso não nos fez infelizes) e a Senhora ainda nos apresentou outro companheiro de viagem – o Anjo de Portugal. A recomendação dEla foi de que todos os dias nós o saudássemos, pois Ele nos acompanharia do Brasil a Portugal. E lá, em terras portuguesas, sob seu comando, seríamos recebidas com honra, pois éramos suas convidadas.

Cabe aqui uma apaixonada exclamação inspirada em Santa Isabel. "Donde me vem a honra de ir visitar a Mãe do meu Senhor?".

Dessa noite, levamos a certeza de que o Amor triunfaria e superaria todos os obstáculos. Nossa Senhora deixou-nos três palavras de ordem que caberão muito bem em qualquer circunstância da sua vida: Acredite! Confie! Espere!

CASA DO TRIUNFO

Nenhuma experiência com Deus se dará sem o acreditar. E crer não é ver! Crer evoca a inocência de uma criança que, sem medir riscos, se joga nos braços do pai ou da mãe só porque o ouviu dizer "Vem meu filho"! Nessa premissa, para peregrinar é fundamental acreditar.

Toda crença tem como base a confiança. A falta de confiança no Amor de Deus é uma grande armadilha do inimigo de Deus para nos fazer cair e desistir da caminhada, para pôr fim à peregrinação. Portanto, para peregrinar é preciso confiar.

Aquele que acredita e confia, em meio às adversidades da vida, sabe esperar o tempo de Deus. Maria não nos apresentou um caminho de facilidades, mas abriu para nós uma via segura, se seguíssemos as placas indicativas rumo à Casa do Triunfo. Para peregrinar é necessário esperar!

Não compreendi de forma imediata e nem ouso dizer que agora compreendo tudo o que nos foi revelado nessa noite de oração do santo terço, mas fica nítido para mim que, para concluir minha peregrinação da Terra rumo ao Céu, precisarei revisitar muitas e muitas vezes os conselhos maternos dessa noite de fevereiro de 2019 e reviver o *checklist* do peregrino para não me deter pelo caminho.

Então, no coração gravei:

- ☐ **Oração**
- ☐ **Confissão**
- ☐ **Acreditar**
- ☐ **Confiar**
- ☐ **Esperar**
- ☐ **Sacrificar-me sempre por Amor.**

CASA DO TRIUNFO

Doce receita que me conduzirá não só nas peregrinações desta vida, mas me levará segura à morada eterna no Céu.

Desse ponto, seguimos nossa peregrinação. Tentamos fazer uma escala para definição das próximas casas, mas logo percebemos que o peregrino não traça rotas, ele é conduzido pelos caminhos que deve seguir, sem planos humanos, com fé nos planos de Deus. E assim fizemos! A próxima a sentir o chamado para abrir sua casa às peregrinas foi a Daniela. E, assim, para lá nos dirigimos...

Capítulo 4

NA CASA DE DANIELA, RECEBEMOS VALIOSA RECOMENDAÇÃO

*"Faremos juntas um diário de amor:
eu falo com vocês e vocês falam comigo."*

A noite de 27 de março foi a escolhida para nosso segundo encontro, o qual chamamos de "Novena de terço". Nós todas nos preparamos espiritualmente e também emocionalmente (um encontro com a Mãe é sempre rico de emoções) para nosso encontro mensal. Rosas e terços nas mãos e coração em Deus. Não sabíamos ao certo se a Virgem nos falaria após meditarmos o santo terço, mas essa era nossa expectativa, com toda certeza.

Rosangela sempre nos motivava com a oração inicial e com o oferecimento do terço e, assim, cada uma, conforme o Espírito tocava, meditava um mistério. A partir desse momento, nossa entrega à oração e ao amor por rezarmos juntas era algo quase palpável e, com isso, os ruídos ao nosso redor eram imperceptíveis e não havia distrações; a noção de tempo se esvaía, pois só reinava o instante da oração vivida. Caso tivéssemos somente as sensações que narrei, já haveria sido um grande momento de presença do divino em nosso meio, mas, com generosidade, também nesse mês de março, a Mãe nos falou amorosamente.

Ela começou nos agradecendo pela fidelidade de oração e presença de cada uma neste encontro (como se fosse necessário esse agradecimento por parte dEla, mas mãe é assim mesmo). Mais uma vez, Ela fez questão de nos dizer que conhece cada realidade por nós vividas, nossas lutas, anseios, medos, satisfações, decepções e necessidades familiares. Penso que, desse modo, a Virgem quisesse nos garantir que mesmo nos conhecendo de forma tão íntima e clara ainda desejava exercer sua maternidade em nossas vidas, em nosso cotidiano. Acho que se todos os seus filhos descobrissem essa forma de amor e de amar, mais almas seriam conduzidas ao paraíso e, ainda neste vale de lágrimas em que vivemos, seríamos consolados.

Em seguida, a Senhora nos fala que está feliz, porque nós respondemos SIM ao projeto de Deus e essa resposta se cerca de renúncias, sacrifícios e lutas, mas nos chega com a garantia de vitória em situações do passado, presente e futuro. Maria é sempre cheia de alegria, contudo, jamais esconde de seus filhos que o caminho do Senhor é caminho de esforço para vencer a nós mesmos. Todo peregrino precisa dessa clara compreensão para não desistir da caminhada. Todavia, quantos desistem!

Nessa noite de oração, a Virgem Santíssima abre para nós um canal de comunicação que Ela chamou de "diário de amor". Cada uma deveria adquirir um caderno de capa amarela, sem estampa, e nele escrever, em primeiro lugar, quem era Maria para nós;

nas páginas seguintes devíamos registrar o que Ela nos falasse em cada encontro e, por fim, o que desejássemos falar para Ela.

Tão simples e tão poderosa conexão foi estabelecida por meio dessas anotações. Nossa peregrinação não era só uma viagem, mas, sobretudo, seria uma transformação cotidiana que precisava ser anotada para que não esquecêssemos as trilhas de conversão que percorreríamos e como Ela nos guiou nesse trajeto tão obscuro para nós até aquele momento.

"Peçam sempre a minha intercessão e eu abrirei caminhos", disse com ternura e convicção.

Assim, fomos aprendendo que não se peregrina sozinho e, muito menos, contando com nossos próprios meios. É preciso, sobretudo, reconhecer-se dependente dAquela que nos guia durante toda a caminhada.

Em todo o peregrinar há, sem dúvida, que se ter disposição, decisão de prosseguir, resiliência nas adversidades do caminho, esperança da chegada; entretanto, isso não é suficiente. Somente quando entendemos que toda obra é Deus mesmo quem faz em nós, independentemente de nossas condições, é que nos lançamos no escuro da fé. Sim, a fé é escura, pois exige crença sem visão clara, fidelidade a um projeto que não nos é apresentado por inteiro, e o novo é sempre amedrontador. Sem fé, somos completamente cegos, pois as grandes maravilhas de Deus nos são ocultas. A fé nos dá a certeza de que somos deficientes espirituais e nos faz, a partir dessa consciência, ter a aceitação de que precisamos ser guiados de volta para Deus.

O que a Mãe nos disse nesse encontro trouxe-nos a confiança de continuar a peregrinar, agora registrando cada etapa desse processo. Esquecemo-nos muito rápido dos favores de Deus, é verdade!

CASA DO TRIUNFO

Hoje, ao escrever este capítulo que compartilho com você, espero que se sinta tão amado por Maria como nos sentimos naquela noite e, se isso ainda não acontece com você, tenho a segurança em dizer que só falta dizer SIM a Ela e começar a escrever em seu diário de amor. É uma experiência linda, intensa e muito pessoal! Tente! Quisera poder viver todos os dias da minha existência sob a força do amor de minha doce Mãe do Céu! Certa de que para isso preciso olhar meu diário de amor e ler lentamente e repetidas vezes a exortação de 27 de março de 2019: "Sejam cada vez mais fiéis ao que vos peço: a fidelidade é porta que se abre para o Céu".

No passo a passo de nossa peregrinação, da casa da Daniela, seguimos para a próxima parada, a fim de recuperar fôlego: no mês de abril nosso encontro foi marcado para a casa de Aline.

Capítulo 5
NA CASA DE ALINE, TIVEMOS UM ENCONTRO DE AMOR, DE VIDA E DE ETERNIDADE

> "Sem medo caminhem enviando vossos
> Anjos da Guarda à vossa frente."

Sim, de fato, o medo bateu à nossa porta. Falar dos nossos temores era assunto recorrente nessa época. Muitos sentimentos de medo, angústia e ansiedade começaram a dominar nossos pensamentos. Eu, lúpica e com síndrome de Raynaud – que provoca um fenômeno no qual algumas áreas do corpo ficam dormentes e frias em certas circunstâncias (frio ou estresse emocional). Não vou me estender nessa explicação, mas não posso deixar de relatar que pensava sem parar que seria impossibilitada de peregrinar para Fátima no inverno europeu. E isso causava medo, muito medo! Minhas companheiras nessa peregrinação também apresentaram suas queixas e medos: de viajar de avião, de não conseguir pagar a viagem, de deixar a família no Brasil, enfim, os temores eram diversos, constantes em cada

CASA DO TRIUNFO

vida. O medo é paralisante e um peregrino não pode parar. Estava aberto o combate em nosso meio!

Dessa forma, prosseguindo nossa trajetória de peregrinas, nos encontramos na casa da Aline para rezar o terço. Tivemos um início de oração um pouco conturbado, porque duas de nós esqueceram a rosa para ofertar à Nossa Senhora. Entre as esquecidas estava eu. Atrasamos a oração, mas voltamos em casa para buscar as rosas. Percalços podem atrasar a peregrinação, porém jamais impedi-la ou interrompê-la.

Rosas e terços na mão, teve início nosso encontro na sala, onde os móveis foram afastados para que coubéssemos todas. Depois do terço, que rezamos com fervor e amor, a Virgem nos dirigiu algumas palavras que divido com você, as quais me chamaram a atenção e me conduziram a uma mudança interior.

Como Mãe que conhece muito bem os filhos, Maria falou que nos sentia medrosas e pediu que renunciássemos a esse sentimento. É preciso pedir ajuda, compartilhar os nossos medos com quem possa contribuir para que não nos tornemos prisioneiros desse cárcere tão cruel. E, nesse sentido, para nos amparar e acolher, ela disse que estava cuidando de tudo e que, se acreditássemos nela e em suas palavras, poderíamos nos tranquilizar, pois da parte de Deus tudo se cumpriria. De maneira muito carinhosa, Nossa Senhora me mostrou nessa noite algumas imagens e uma delas se revelava como um manto aberto e dentro dele estávamos nós: as oito peregrinas. De repente, eu podia ver o manto, no entanto, não nos via, ao que Ela me levou a olhar dentro da grande bainha que rodeava todo o manto e lá estávamos escondidas. Por essa e outras razões, considero ter sido esse um encontro de infinito amor.

CASA DO TRIUNFO

Também, nessa noite, vi a Senhora cercada de muitos anjos, sobre os quais ela se referiu como representantes de cada coro celeste. Havia os cantores, os protetores, os adoradores, os guerreiros, os anunciadores. A presença dos anjos encheu o lugar de paz e o medo cedeu lugar ao poder angélico. Assim, a Virgem nos recomendou grande amor por nosso anjo da guarda: "Vocês não fazem ideia de quantas batalhas esses anjos travam em vosso favor. Não se esqueçam, nem um dia sequer, de saudá-los, acolhê-los e enviá-los ao serviço de vossa santificação".

Durante bastante tempo em sua fala, Ela se deteve a explicitar a importância dos anjos no combate contra o inimigo de Deus. Contou-nos que o inimigo brinca com os humanos como se fossem bonecos de marionete, prendendo-nos por nossos pecados e fraquezas humanas. O caminho seguro, então, vem com o auxílio dos anjos que precisam de nossa invocação e envio para que lutem com bravura, a fim de que possamos vencer e nos livrar das covardes armadilhas de satanás.

Não há condição alguma de se realizar qualquer peregrinação para lugares santificados neste mundo, ou ainda completar nossa peregrinação de volta para Deus, sem o constante auxílio da corte celestial. Condição essa que compreendemos bem nessa "novena do terço". Portanto, espero que todas estejamos praticando o que a Mãe nos pediu. Em tal pressuposto, peço licença a você para afirmar que a recomendação de se colocar sob a autoridade e auxílio do seu anjo da guarda é também para sua vida. Com essa narrativa, concluo que esse foi um encontro de vida.

Dos dois pontos focais de sua mensagem: o medo e os anjos, a Senhora nos fez uma revelação que, naquele momento, nos pareceu

CASA DO TRIUNFO

uma metáfora, uma linguagem figurativa e até poética, mas, quando chegamos a Fátima, comprovamos que se tratava de algo muito real e concreto. Vou novamente transcrever suas palavras, para que você possa compreender com clareza quando ler os relatos dos fatos ocorridos em Fátima, no que diz respeito ao tempo:

"Darei uma benção especial durante todo o tempo que estiverem em Portugal. O relógio andará ao meu comando, por isso, não se preocupem! O tempo será nosso: meu e de vocês. Tudo o que precisarem realizar, ver e conhecer já está debaixo dos meus olhos."

Não conseguiríamos compreender a grandeza e profundidade destas palavras a não ser pela maravilhosa experiência por nós vividas em terras portuguesas. Realmente, uma palavra que vem de Deus para nós, seja pela via que Ele desejar, não é para ser compreendida, é para ser experimentada em toda a sua extensão. Ninguém é capaz de explicar o que em Deus precisa ser vivido e tampouco ninguém pode apagar as marcas de uma genuína experiência com Deus Amor.

Terminando o relato desse encontro, posso também afirmar que, a partir do conhecimento que nos foi concedido por meio dos ensinamentos maternais da Virgem Santíssima, esse foi um encontro de eternidade.

Com desejo de que as nossas experiências toquem sua existência, seguimos com nossa novena, no mês de maio, na casa da Fernanda. Maio é mês do céu na Terra!

Capítulo 6
NA CASA DE FERNANDA, FOMOS CONSOLADAS POR MARIA

"Não posso ainda dizer que não mais chorarão, mas este dia há de chegar e eu desejo encontrá-las para comigo viverem a eternidade."

Maio chegou tão rapidamente em nossas vidas! O desejo de estarmos juntas em oração e sermos novamente agraciadas pela benção maternal de Maria parecia fazer o tempo acelerar. Era 13 de maio e eu me sentia muito feliz e especialmente esfuziante nesse dia. Todo o mês de maio é celebrado por mim intensamente, pois foi nesse mês que a Senhora me apareceu pela primeira vez, em 1995 (já lhe contei isso na introdução deste livro), e por esse motivo, com a Igreja, demonstro mais concretamente meu amor e veneração por Nossa Senhora em muitas pregações na minha região. Para além disso, preciso voltar ao relato de como se deu nossa "novena de terço" no mês de maio.

Fomos recebidas na casa de Fernanda ao redor de uma mesa grande que fica na varanda, nos fundos. Rezamos com muita gratidão o santo terço. Ao término deste, tive a graça de uma belíssima visualização, que descrevi para as outras sete que comigo rezavam. Peço licença para aconselhá-lo a imaginar cada situação e objetos que vou descrever. Assim, você, caro leitor, poderá, a partir dessa atitude de fé, adentrar nesse mistério de amor infinito de uma Mãe por nós, seus filhos.

Compartilho, então, tudo que vi naquela noite.

Uma forte luz rasga o céu e ilumina desde o céu até a Terra e, do meio dessa luz, surge a Senhora, vestida como um sol de tão brilhante, adornada de joias e com uma coroa de 12 pontas e em cada ponta uma estrela brilhante. Vi, em seguida, um grande pelotão de anjos que escoltava Maria Santíssima. Oito anjos, portanto, estavam num destacamento à frente dEla: eram nossos anjos da guarda! Eles abriam o cortejo e saudavam a Senhora bradando fortemente: "— Viva Maria, Rainha do Céu e da Terra!".

Estes oito anjos traziam nas mãos uma rosa e um lenço, onde estavam bordados em azul claro os nossos nomes. Eles param o cortejo e depositam as oito rosas aos pés da Senhora; em seguida, cada anjo leva o lenço à altura da boca de Maria e Ela beija cada lenço, no exato local dos nossos nomes. Após serem beijados, os lenços são novamente dobrados pelos anjos que seguem no cortejo com os lenços em mãos.

Depois da narrativa dessa visualização, estávamos muito emocionadas e o silêncio que se fazia era quebrado por soluços entre lágrimas. A beleza do céu é de fato muito comovente.

Passados alguns instantes, nos refizemos da emoção e começamos a ouvir o que Ela tinha a nos dizer.

Nessa noite, de maneira contundente, a Mãe nos preparou para o sofrimento. Sofrer não é castigo nem desejo de Deus, mas é, sim, consequência do pecado. E nós pecamos! Sempre! Talvez, cotidianamente. E se pecamos, sofremos as consequências do nosso pecado e dos pecados da humanidade. Por essa razão, nesta vida não há meios de não sofrermos, porém há diversas maneiras de encarar os sofrimentos, há sempre uma escolha a se fazer quando estamos sofrendo: sofrer com rebeldia ou com obediência. Maria nos falou dos sofrimentos vindouros, mas abriu uma preciosa via para nós quando nos disse: "Não tenham medo! Junto de mim, todas as coisas impossíveis se tornam possíveis, porque em mim fez maravilhas Aquele que é Todo Poderoso!".

Foi um precioso ensinamento ao peregrino, pois se não há forma de fugir do sofrimento, há, no entanto, segura oportunidade de que todo o sofrer seja transformado em graça santificadora e salvífica ao permanecermos obedientes e junto de nossa Mãe Santíssima. Existe benção escondida no sofrimento. A nossa entrega e orações nos fazem descobri-la.

A imagem dos anjos e dos lenços devem nos servir de consolação em nosso peregrinar, que não se dá somente em dias iluminados e alegres, e sim também nos dias de tempestades, frio e escuridão. Referindo-se a estes últimos, o conselho que nos foi dado nesta noite de 13 de maio se deu na seguinte premissa: "— Abriguem-se debaixo do meu manto!".

Não é preciso que sejamos fortes e corajosos para enfrentar as tempestades da vida – e quem não as enfrenta? O essencial é sabermos onde está o abrigo e o nosso abrigo é debaixo do manto de Maria. Porém, abrigar-se em Maria não se trata de uma visão romântica e sem esforço pessoal. Estar abrigado nela é ser fiel a Jesus, é seguir orando quando se tem vontade e quando a vontade

CASA DO TRIUNFO

não vem, é rezar todos os dias, pelo menos um terço, é se abrir com amor para tantas práticas oracionais oferecidas pela Igreja.

Na casa de Fernanda, Nossa Senhora nos falou da dureza de ser peregrino, de não interromper a caminhada quando as coisas vão de mal a pior, de não nos sentirmos melhores do que os outros porque estamos em distâncias diferentes no processo de peregrinar e nem ao menos porque temos formas diferentes de fazer a peregrinação. Tais revelações poderiam nos levar imediatamente ao medo de prosseguir, o que seria bem natural e até justificável. Contudo, na certeza de que não estamos sozinhos e de que é somente no destino da peregrinação que se dão a plena consolação e a alegria de todo peregrino, continuamos decididas a viver de fé e agarradas ao nosso terço que devemos rezar, sem falhar um dia sequer (assim nos pediu e recomendou Nossa Senhora).

Alegrias e tristezas caminham lado a lado e estão postas na vida de todos (mesmo que tenhamos a impressão de que é só na nossa vida que acontece dessa forma). Nesse sentido, o importante dessa noite foi aprender que esses sentimentos não devem ser os motivadores em nossas vidas, o que, de fato, precisamos para peregrinar é de fé!

Portanto, movidas pela fé, que nos conduz à oração, seguimos para o mês de junho na casa de Gioconda.

Capítulo 7

NA CASA DE GIOCONDA, SOMOS CORRIGIDAS

"Trago nas mãos um terço que sangra, pois o desvio de vocês faz sangrar o meu coração."

Certa vez, o poeta disse: "No meio do caminho havia uma pedra". E, de fato, no meio da nossa peregrinação havia uma pedra que nos fez tropeçar e, até, cair. Os dias que antecederam ao encontro para a "novena do terço" pareciam anunciar que algo estava errado. Não sabia ao certo do que se tratava, mas sentia que não era bom. Geralmente, alegrava-me com a proximidade do dia marcado para a novena, porém, isso não estava acontecendo, eu sentia tristeza, angústia e até uma pontada de dor. Com efeito, o dia 19 de junho foi marcado por uma dura e necessária correção de vida. Não é fácil ser corrigido, no entanto, desvios na caminhada de um peregrino são extremamente perigosos, pois podem impedir sua chegada ao destino.

CASA DO TRIUNFO

Chegamos à casa de Gioconda e já sentimos que o clima estava diferente. A minha sensação era de que estava sendo chamada na sala do diretor, após ter feito travessura na hora do recreio.

Reunimo-nos na varanda de Gioconda e o barulho da rua, que estava bem movimentada, atrapalhava um pouco nossa introspecção na meditação do santo terço. Havia, então, no meu coração, receio de que a Senhora não nos falasse nesse encontro. Penso que esse medo me enchia de tristeza.

Após o terço, ainda cantamos e rezamos; todavia, o costume de a Mãe nos falar logo em seguida ao término do terço foi quebrado. O que estava acontecendo? Era o barulho da rua que nos impediria de ouvir Nossa Senhora? Ou seria o latido dos cachorros da vizinhança que encontravam eco no latido da cachorrinha da casa? O barulho e a agitação eram externos ou também internos? Sem ter a exata resposta para todas as perguntas que povoavam minha mente, resolvi tentar a primeira solução, que foi sugerir que entrássemos na sala da casa para ver se o barulho diminuiria. Ademais, concomitante a esse pensamento, recebi de imediato uma ordem da Senhora que disse: entrem na casa!

Entramos e, depois de uma espera um tanto dolorosa, nossa Mãe começou a nos falar: a entonação da minha voz ao repetir as palavras dEla, denunciavam a tristeza, a seriedade e a dura correção em tudo o que era dito.

Nós nos desviamos! Ela explicou que nem todas haviam se desviado, mas, para todas, sem exceção, serviu a correção de vida que nos foi orientada por Ela.

Ainda hoje, ao me lembrar dessa noite, sinto vergonha da Mãe Santíssima.

CASA DO TRIUNFO

Com tristeza e embargo na voz, Ela clamou: "no meio de vós não há lugar para meias verdades e, muito menos, para mentiras. Sejam mulheres íntegras. Sejam testemunhas do meu amor!".

A essa altura de nossa caminhada peregrina havíamos nos desviado da fidelidade, da verdade e do amor. A correção da Mãe realmente era necessária para que nem tudo fosse perdido. Compreendi mais uma grande diferença entre o turista e o peregrino. O turista pode planejar seus caminhos e procurar melhores ângulos para fazer suas fotos e, assim, revelar maravilhas, nem sempre reais, de sua viagem. O peregrino não, este precisa estar mais comprometido com seu jeito de percorrer os caminhos já projetados por Deus para sua peregrinação. Não é permitido o desvio em nenhuma circunstância. Se há pedras no caminho, é preciso então estar vigilante e não deslumbrado. Mais importante que as fotos são os fatos.

Foi demasiado triste saber que nosso desvio fazia o Imaculado Coração de Maria sangrar, mas, de fato, o que a feria não eram nossas falhas na oração ou nos nossos relacionamentos. O que mais a desagradava era a negligência diante dessas ocasiões de queda. Somos fracos e pecamos, mas não podemos nos acostumar ao pecado de forma alguma. Isso compreendemos quando Ela nos disse: "— A confissão não é para pecadores, mas, sim, para pecadores arrependidos". Por muitas vezes, pecamos e não nos arrependemos, mas confessamos. O que nos limpa a alma não é a admissão da culpa, é sobretudo o arrependimento profundo de ter ofendido a Nosso Senhor.

Em razão disso, Nossa Senhora nos pediu que além de nossa fidelidade diária ao terço, também oferecêssemos cotidianamente um sacrifício reparador de nossos pecados. Esse sacrifício diário nos tornaria mais vigilantes em nossa peregrinação até Fátima.

CASA DO TRIUNFO

A Mãe que acolhe, que ama, que nos esconde debaixo de seu manto é a mesma que nos corrige, que redireciona a vida, que não nos esconde a verdade mais pura sobre a dureza de nossa peregrinação de volta para Deus. O amor a Deus não se prova com palavras, pelo contrário, exige provas concretas que se manifestam no sacrifício, na oração e no testemunho de vida.

Pode parecer para você, querido leitor, que a Mãe nos castigou pedindo que nos sacrificássemos todos os dias, contudo, o que Ela nos deu foi um eficaz remédio para nossas feridas da alma.

Vivemos em tempos difíceis, os quais exigem de nós firmes decisões. Posto isso, afirmo que, decididas, seguimos nossa novena e fomos sendo curadas ao longo do caminho.

Capítulo 8

NA CASA DE ROSANGELA, REATAMOS A ALIANÇA DE AMOR

"Alegrem-se! Celebrem a aliança reatada! Eu amo vocês!"

A o contrário do que havia acontecido no mês anterior, os dias que antecederam o nosso encontro foram cheios de alegria. Estávamos, todas, firmes no propósito de não mais entristecer nossa Mãe. Nossa firmeza vinha da vigilância de nossos atos e da fidelidade à oração, que se enriquecia a cada dia com nossos sacrifícios de amor.

Para mim, foi este um dos encontros mais belos que tivemos em toda nossa novena. A Senhora estava feliz, voltara a ter o tom de voz doce e sereno e nos acolheu muito ternamente em suas palavras.

Como é bom rezar! Como é bom sentir o amor de Deus tão perto e palpável! Todo o meu ser repetia essas exclamações sem cessar.

Chegamos à casa de Rosangela, a que recebeu a inspiração de realizar a "novena de terço", e a atmosfera era de paz. A sala estava especialmente aconchegante, na penumbra, sendo iluminada pela amarelada luz da vela, posta ao lado da imagem peregrina.

CASA DO TRIUNFO

Estávamos no andar de cima, como os apóstolos e Maria, reunidas num cenáculo de Amor. A fidelidade de oração vivida nesse tempo nos fez mais íntimas de Nosso Senhor e Nossa Senhora e, assim, o oferecimento do terço e nossa oração inicial foram fortes, tão intensos que até nosso corpo se afogueava a cada palavra. A meditação do terço em oito de julho foi uma experiência de intimidade e muito amor. Desejava viver para sempre atada àquele momento! Se pudesse parar o tempo, eis o instante que escolheria (isso antes de ir a Fátima). Éramos as filhas pródigas voltando ao abraço da Mãe. Como foi gostoso o abraço materno!

Nessa noite, a Virgem novamente nos lembrou da importância de nossos anjos da guarda em nossos combates espirituais. Aprendemos com Ela a ordenar em todas as manhãs que nossos anjos da guarda lutem em nosso favor e a favor de nossas causas. Isso é muito eficaz! Acredite!

Ao meu coração, o ponto central dessa noite foi sentir a alegria de ter sido fiel à oração do terço em todos os dias. Tal alegria foi coroada pela fala da Virgem Santíssima sobre os terços rezados com amor e fidelidade. Ela disse carinhosamente: "— Os terços que rezarem fielmente todos os dias, serão para nós como um cordão umbilical que une vocês ao meu ventre".

Não poderia haver comparação mais linda! Estamos sendo geradas no ventre de Maria, para que, um dia, Ela possa nos parir para uma vida eterna no paraíso. É claro que você, caro leitor, pode estar pensando e afirmando que tal expressão se trata tão somente de uma metáfora e que não tem conexão com a realidade concreta. Posso até concordar com sua interpretação à luz da razão, mas prefiro reter o que ouvi no campo da fé, das experiências místicas não explicáveis e, assim, sigo a cada novo dia, sendo nutrida de esperança, crescendo na fé e no amor, por meio do cordão umbilical que me liga intimamente à minha Mãe. Não tenho o desejo de convencer quem quer que seja a viver essa experiência poderosa de oração, porém deixo gravada nas linhas deste texto que acredito nas palavras da Virgem, sejam elas metáforas ou não! Quero, um dia, nascer para o Céu! E nada mais seguro do que estar no ventre dEla. Rezarei o terço todos os dias, com amor e fidelidade.

O tempo que passamos a ouvi-La é um tempo de graça e de revelações que não compreendemos plenamente. Eu ainda não havia recebido o chamado para escrever este livro que conta a peregrinação a Fátima. Isso nunca passou pela minha cabeça, no entanto, cá estou a contar, com toda a transparência possível, os fatos ocorridos. Por isso, preciso destacar que, no mês de julho de 2019, a Virgem já havia feito a "encomenda" do livro, apesar de minha inabilidade de compreensão. O título desta obra foi dado na casa de Rosangela. "Lembrem-se disso, Fátima é a Casa do Triunfo!"

É claro que conheço a promessa feita em Fátima aos pastorinhos, que diz: "... Por fim, meu Imaculado Coração triunfará!". Mas o termo "a Casa do Triunfo" eu nunca havia escutado e, ao ouvi-lo, entendi que peregrinar até Fátima é uma busca pelo triunfo do Amor em nossas vidas, em nossas casas. Essa afirmação feita pela Virgem Santíssima nos faz compreender que a decisão de peregrinar está ligada à decisão de combater o mal que insiste em nos aprisionar e derrotar, seguindo um caminho de santidade, que será para nós caminho de felicidade.

Ainda, nessa mesma noite abençoada, Nossa Senhora nos advertiu que somente no céu as coisas são definitivas e eternas, já aqui na Terra, tudo é passageiro. Portanto, a aliança que refizemos

CASA DO TRIUNFO

com Ela e com Nosso Senhor poderia ser novamente rompida por causa de nosso proceder e infidelidade na oração. A infidelidade na oração é, com toda certeza, a maior armadilha de satanás. Se deixarmos de rezar um dia e não nos importarmos com isso, daqui a pouco, estaremos sem rezar por semanas, meses, e assim por uma vida inteira que vai se desnutrindo do Amor de Deus. Porquanto, Nossa Senhora nos falou para termos muito cuidado com pecados que estimamos, que são recorrentes em nossas vidas, de forma que passamos a ter plena consciência de que os estamos cometendo. Para esses pecados não há misericórdia e sim o confronto com a justiça divina. Uso-me deste capítulo para garantir-lhe que há mais prazer na busca pela santidade do que numa vida de concessão ao pecado. Só triunfa com Maria quem rompe com o pecado.

O encontro na casa da Rosangela foi um convite a transformar nossas casas em casas de oração, ainda que nem todos da família rezem. Uma casa de oração será um lugar de muitos combates, não há dúvida, mas certamente será também uma casa de triunfos, uma casa de vitórias.

Por fim, Nossa Senhora nos pediu que levássemos uma vela benta em nosso próximo encontro. Quem rompe com o pecado faz a experiência da luz!

Nós oito seguimos animadas por reatar a aliança de amor. Agora, mais vigilantes na caminhada, trazíamos a confiança mais forte dentro de cada uma. O terço, nossa arma mais poderosa durante a peregrinação, ainda nos impulsionaria a tantas outras formas de amar a Deus. Nesse sentido, Rosangela foi sempre a motivadora destas práticas oracionais. Sou grata por esse impulso de oração.

Capítulo 9

NA CASA DE LUIZA, FOMOS ILUMINADAS

"Sem a Luz Divina, vocês não enxergam milagres cotidianos!"

Os meses iam passando de forma veloz. As mudanças interiores – despertadas pela peregrinação e oração cotidiana – estabilizavam-se em nosso meio. O que havia chegado até nós de forma mais emocional, agora se tornava vontade, escolha pessoal. Ouvir e cumprir os conselhos maternais era imperativo em nossas vidas; por isso cada uma ia domando más inclinações, aprisionando a velha criatura e, por conseguinte, deixando a alma livre para escolher a Deus e seus ensinamentos em detrimento do pecado e suas seduções. Duelo constante e árduo!

Decidir-se pela luz não é tarefa fácil, pois as trevas e as sombras encobrem nossos desvios e ajudam a esconder o que não queremos ver. Fomos testemunhas da dor vivida por Gioconda quando, por motivos pessoais, iluminada pelo Espírito Santo decidiu declinar de seu desejo de ir a Fátima. O sim que foi dito de forma imediata à proposta da Virgem, em janeiro de 2019, precisou ser ampliado, redimensionado. Com o auxílio da Virgem, a emoção e o imediatismo cederam lugar para a fé e a eternidade. Gioconda nos comunicou que não iria a Fátima, mas continuaria a peregrinação, a fim de concluir a "novena do terço". Ao peregrino, está posto o caminho, mas não a certeza da chegada ao destino, contudo, precisa continuar a caminhar.

Dias depois, estávamos reunidas na sala da casa da Luiza com rosas e velas nas mãos, para deixarmos a luz do céu entrar e clarear nosso entendimento, fazendo reluzir a alma disposta a peregrinar. A noite de 12 de agosto foi marcante em nossa peregrinação. Como de costume, fizemos o oferecimento do terço e, logo em seguida, fomos alegremente surpreendidas por uma mensagem da Virgem que nos revelou que meditaria conosco as passagens revividas nos Mistérios Gozosos e afirmou: "... são mistérios que envolvem trevas e alegria, choro e gozo".

Fatos e sentimentos tão antagônicos, que só podem ser experienciados sem provocar desejo de abandono ou desistência da prática cristã, quando vividos em total dependência de Deus.

Assim, ao meditarmos com Maria o primeiro mistério gozoso, recebemos dEla a recomendação de que sempre devemos rezá-lo desejando que a luz divina habite em nossas vidas, tendo em vista que uma vida nas trevas é mais cômoda do que o viver iluminado pela graça de Nosso Senhor. A oração e a contemplação desse mistério também nos desafiam a gerar Jesus neste mundo de trevas, por meio de nossas orações e do desejo de conversão do nosso coração com constância e fidelidade a Deus. Lamentável saber que ainda há aqueles que consideram o terço uma oração mecânica!

CASA DO TRIUNFO

Como seria possível mecanizar algo tão vivo e desafiador? Rezei, portanto, cada Ave Maria desse mistério desejando fervorosamente que o Altíssimo também me envolvesse por inteiro em seu amor infinito e fizesse em mim suas maravilhas. Ao término da recitação das dez Ave-Marias, a Virgem nos conduziu na meditação do segundo mistério gozoso e nos esclareceu que quando a luz entra em nossas vidas, não pode ficar fechada, precisa ser levada a outros corações. Com ênfase nos revelou: "A luz de Deus não é para poucos. Acreditem! A luz divina é para todos, sem exceção!".

Justamente, por isso é que, ao rezarmos esse mistério, precisamos desejar que, pela preciosa via da visita da Virgem Santíssima, também nas nossas casas, como Ela fez a Isabel, sua prima, a luz divina invada nosso coração e nos traga a verdadeira alegria. Compreendemos que Maria não é a luz e, sim, seu reflexo a resplandecer diante de nossa cegueira espiritual, doença hereditária advinda do pecado original. Quando contemplamos esse mistério, podemos sentir o abraço materno da Virgem Santíssima. Na recitação das Ave-Marias, pudemos experimentar esse afago na alma e, assim, concluir que não pode ser triste aquele que ama a Deus e é correspondido nesse amor.

Continuando a elucidar a meditação de cada mistério, a Senhora, no terceiro mistério, encheu-se de ternura e exclamou: "Chegamos ao mais lindo de todos os mistérios, o mais precioso e mais encantador, o centro de toda redenção humana".

Em meio a todas as palavras direcionadas à meditação desse mistério, ficaram as que pediam insistentemente que renunciássemos ao pecado e que acreditássemos fielmente que o amor prevalecerá, que o amor vencerá. Não há maneira alguma de rezar esse mistério sem acreditar na vitória do Senhor sobre as trevas que teimam em escurecer meus sentimentos, atitudes e pensamentos. Ao rezar o terço, o peregrino vence. Ao abandonar essa forma de orar, somos vencidos pelas trevas, que chegam como fumaça e terminam como o mais escuro cárcere. A partir desse mistério, fomos convidadas a acender nossas velas bentas, que assim permaneceram até o fim da reza do terço.

Obediência a Cristo e à sua Igreja constituem-se ordens contundentes da Virgem Santíssima ao meditarmos com Ela o quarto mistério gozoso. Suas afirmações nos apontaram que todo trabalho feito com amor em favor do templo é oferenda agradável a Deus e, por isso, pode diminuir o tempo de purgatório, em caso de necessidade da santificação de nossas almas. Ela assim nos falou: "o serviço no templo não pode ser cumprimento de normas e sem celebração da luz da fé".

Por fim, na meditação do quinto mistério gozoso, a Senhora nos ensinou que, ao contemplarmos esse mistério, devemos fazer um exame de consciência: o reconhecimento dos pecados cometidos, seguido de profundo arrependimento. Assim fazendo, se nos perdermos de Jesus pelo caminho, teremos a possibilidade de voltar atrás e reencontrá-LO. Ela nos garantiu que "o encontro com a luz, que é Jesus, muda toda e qualquer realidade sombria".

Ao final dessa meditação, eu me sentia profundamente emocionada por constatar que cada terço rezado é uma nova possibilidade de conversão para minha vida. É Maria que estende a mão, segura na minha e me conduz para Deus.

De maneira triunfante, erguemos nossas velas acesas e saudamos nossa Rainha como se com Ela já estivéssemos definitivamente. A oração fervorosa, mesmo que feita com toda simplicidade, tem poder para unir céu e terra, eterno e etéreo, forte e fraco. Com

CASA DO TRIUNFO

absoluta convicção, esse encontro nos trouxe luz, porque Ela nos ensinou a rezar.

Tendo compartilhado com você, caro leitor, essa iluminada experiência de amor, desejo e peço à Virgem Santíssima que ela se reproduza em sua vida quando se colocar a rezar o terço com amor e fidelidade.

Ao peregrino, Nossa Senhora termina dizendo: "Vocês me chamam a caminhar com vocês quando rezam o terço. E, quando estou com vocês, o mal se afasta".

Rezar o santo terço cotidianamente nos faz enxergar milagres, eu creio.

Assim, como usualmente, seguimos nossa peregrinação, marcando o próximo encontro para minha casa. E você, querido leitor, também é convidado a entrar nessa íntima conversa de amor.

Capítulo 10

EM MINHA CASA, SOMOS CONVIDADAS A COMBATER

> "Sei que vivem intensos e demorados combates. Nenhum combate ficará sem resposta de vitória!"

Eis que chega, na primavera, o tempo em que minha casa recebe as peregrinas para a Casa do Triunfo. Minha alma se fazia como um jardim e nela muitas flores de perfumes variados já haviam desabrochado.

A beleza que meu Senhor estava realizando em minha vida, a pedido de minha Senhora, era nítida e infinita. O céu é como um imenso jardim, lugar de harmonia, e dentro de mim podia sentir a proximidade de Deus e seus desígnios: um pouco de céu no meu cotidiano. Permita-me uma pequena pausa para uma reflexão: um jardim é sempre beleza para quem passa e olha, mas é dureza para quem dele deve cuidar – estercos e espinhos são difíceis para o responsável pelo jardim. E cada um aqui nesta peregrinação terrestre é cuidador do próprio Éden (alma reservada para o contato com Deus). Assim

CASA DO TRIUNFO

eu me encontrava, certa da floração do meu jardim, mas me ferindo muito para cuidar dele como devia.

Setembro foi um mês particularmente muito difícil para minha família, no entanto, em meio às minhas dificuldades, eu devia sorrir e acolher peregrinas. Tudo em Deus parece ser controverso, mas à luz da fé vivemos o que pela razão se mostra antagônico. No dia 24 do mês citado no início deste parágrafo, nos reunimos na minha sala que, também como meu ser, havia sido reformada, transformada para melhor acolher quem chega e é convidado a entrar. Vivi uma das noites mais alegres da minha vida entre lágrimas. De fato, há alegria no sofrimento, sou testemunha disso.

Na reforma da sala, o quadro da Mãe do Infinito Amor recebeu o destaque que sempre mereceu ter e ao redor dele nos colocamos a rezar. Rosangela começou a oração inicial e eu fui invadida pela certeza da presença amorosa de Maria. Logo, o choro tomou conta de mim e grossas lágrimas teimavam em descer pelo meu rosto, de forma que nem mesmo minhas mãos podiam escondê-las. Sentia-me encostada no peito maternal de Maria e como não tinha palavras, chorei e em cada lágrima coloquei meu pedido de socorro. Não costumo ser tão chorosa, mas naquela noite não consegui me conter, ao contrário, fui contida dentro de um abraço, fui acolhida debaixo de um Manto, sem forças, fui amparada pelo olhar de minha Senhora que me contemplou como filha machucada pelos combates daquele momento.

A oração do santo terço foi como uma via sacra para mim, sentia o peso da cruz em cada ave-Maria. No final, ao saudar a Mãe com a Salve Rainha comecei a experimentar certo alívio na alma florida e ferida. Duelavam dentro de minha alma a tristeza e a alegria. Combate tenso e intenso. Por causa disso, penso eu, a mensagem que Maria Santíssima nos dirigiu falava de combates e combatentes. Começou por nos lembrar que, quando fomos convidadas a peregrinar, Ela havia nos dito que não seria uma jornada de facilidades: "Não lhes disse que o caminho para a Casa do Triunfo seria fácil, mas volto a reafirmar que será um caminho de vitória".

Em seguida, lembrou-nos também de pedir a ajuda de nossos anjos da guarda para alcançarmos vitórias em nossos combates cotidianos, que se revelam de formas diversas para cada peregrino neste mundo que é "vale de lágrimas". De fato, é muito importante ter a ajuda de nossos anjos para encontrarmos força espiritual nas batalhas contra o inimigo. Quando rezamos e clamamos aos anjos que se coloquem na luta contra os principados e potestades, não ficamos sem resposta – isso nos garante a Senhora dos Anjos: "Com o auxílio dos anjos encontrarão vitória, socorro, amparo e força em todos os combates que precisam ser travados, pois o inimigo não perde seus reinos sem lutar, ainda que da parte dele (o inimigo) tenha a certeza da derrota, ele insiste em combater".

Aprendemos, dessa forma, que os combates de nossa vida não são "testes" para sermos aprovados por Deus; afinal, quem nos deu a prova de seu amor foi Ele, mas, de outra forma, os combates são insistências do demônio para tornar dificultosa nossa jornada que está destinada à vitória. Nós jamais perdemos um combate, mas podemos desistir deles e permitir assim que o demônio se coloque como vencedor. A vitória já é garantida, mas a resistência aos ataques está em cada um de nós. Quanto mais rezamos, mais resistimos. Quando nos abatemos, podemos e devemos contar com a ajuda angélica. Sendo assim, aprendemos, nesse oitavo dia, uma oração de combate que compartilho com você, caro leitor, para que a repita com constância e fé:

"Anjo da Guarda, eu te envio a todos os combates particulares para que, por ordem da Virgem Maria, sejam saqueados o demônio e todos os seus anjos malignos. Quem vos ordena a vitória é a Virgem de Fátima, a Virgem Mãe do Infinito Amor."

Naquele momento, eu que comecei o encontro com Maria debulhada em lágrimas, já me sentia encorajada a prosseguir na peregrinação rumo à Casa do Triunfo. Recebemos as instruções para o último encontro da novena do terço que se realizaria na casa da Mãe, Fazenda Boa Esperança, "Santuário Mãe do Infinito Amor". Com a promessa de percebermos amenizados nossos combates no mês de outubro e seguindo o costume de que quem recebe os peregrinos em casa, marca a data do encontro, Maria marcou a data da novena na casa dEla, para 13 de outubro, deixando o horário para nossa livre escolha. Ela deixou muito explícito o quanto é importante para todo cristão ir a um santuário mariano, pois, nos locais onde a graça se manifesta por meio da visita da Santíssima Virgem, o amparo e o cuidado de Deus são mais perceptíveis, posto que se concretizam por meio da maternidade de Maria. Para nós, peregrinas e moradoras de Itaperuna, local onde aconteceram as aparições da Mãe do Infinito Amor, Ela recomendou: "Não deixem de ir à minha casa todos os meses. Vocês perdem muito quando deixam de ir à minha casa. Não é punição, é uma constatação. De perto, posso tomá-las no colo. De longe, só posso dizer: — Estou aqui – mas não pego no colo".

CASA DO TRIUNFO

Por meio dessa revelação, pudemos compreender o quanto é preciosa uma peregrinação a um santuário mariano.

Para terminar suas mensagens, a Virgem retoma a importância do sofrimento no processo de santificação pessoal, pois todo tempo vivido em oração e com a certeza do amor de Deus é, definitivamente, um tempo de graça.

Ela também retomou a importância da fidelidade na oração cotidiana e a certeza de que, por meio dela, todo o mal é vencido e bem triunfante. Quem reza deve seguir a peregrinação sem medo, pois este é perfume demoníaco que entranha na vida física e espiritual, causando confusões inúmeras em nossos sentidos, deixando-nos apáticos e inertes.

Por fim, nossa Mãe nos falou de modo particular e direcionado para a situação de vida de cada uma. Como se tratou de intimidades, não vou aqui revelar, todavia, desejo deixar o registro do que falou a mim, para que eu me comprometa ainda mais com o desejo de minha Mãe tão amada. Com tom de voz amável, Ela me revelou: "Te amo com amor de predileção, porque não pedes para ti. Sua missão está em suportar para amar. Um caminho de luz vai se abrir em sua mente".

Eu ainda não sabia que deveria escrever este livro, nem sequer cogitava essa hipótese, mas, quando Ela me pediu que o escrevesse, na véspera da viagem para Fátima, repetiu a última frase da citação acima. Por isso, todas as vezes em que me coloco a escrever os capítulos do livro, uma luz se acende em minha mente e todo o meu ser trabalha para Ela. Desejo que assim se faça até terminar meu serviço com esta obra literária.

Com imenso desejo de nos encontrarmos em outubro na casa da Mãe, seguimos com nossos combates, sem desistir.

Capítulo 11

BENÇA MÃE!
ENCONTRO NO SANTUÁRIO
"MÃE DO INFINITO AMOR"

"Não há o que temer, e se vossos corações se perturbarem em algum momento, é preciso expulsar e repreender maus pensamentos, pois só aquele que tem fé alcançará milagres."

Outubro chegou depressa! Já estávamos ansiosas para o encontro na casa da Mãe; afinal, Ela passou por nossas casas e deixou um rastro de luz em cada realidade vivida. Estava bem próxima a nossa viagem para Fátima. Até aqui, fizemos o percurso sozinhas, sem a família, mas a partir desse nosso encontro no Santuário "Mãe do Infinito Amor", aprendemos que toda peregrinação se faz de forma individual, porém o peregrino leva consigo sua história, sua vida inteira e, sobretudo, sua família.

Domingo, 13 de outubro de 2019, acordei com o coração em festa e participei da Santa Missa na paróquia São José do Avahy logo cedo, às sete da manhã. Na ação de graças, sentia meu coração pulsar forte e recebi a promessa de um dia de graças sobre todos. A primeira graça que a Mãe nos concedeu nesse dia foi a de permitir que os membros de todas as famílias, crianças, adolescentes e adultos, estivessem disponíveis para o encontro daquela tarde. Reunir a família para a oração costuma ser um dos desafios mais difíceis de serem superados, entretanto, quando a Rainha deseja tudo se torna possível.

Não me lembro bem a ordem de chegada de cada carro na Fazenda Boa Esperança – Santuário da Mãe do Infinito Amor –, mas lembro com detalhes da atmosfera que se percebia naquele lugar. A tarde estava quente, quase sem vento, embora o santuário seja aberto e bem arborizado. As mulheres tinham sorrisos que não se continham, as crianças logo desciam e corriam naquele amplo espaço com graça verdinha, os adolescentes chegavam e davam beijinhos tímidos e traziam no rosto um misto de curiosidade e resignação por estarem ali numa tarde de domingo. As maiores diferenças nas expressões estavam no rosto e olhares dos maridos. As feições dos homens me intrigavam, o jeito como foram se acomodando ao redor da árvore da Aparição, a forma como se sentavam nas cadeiras e a rigidez do corpo de alguns pareciam dizer coisas que eu não compreendi de imediato. Alguns sorriam e lançavam piadinhas sobre a viagem que se daria somente com as mulheres, outros estavam preocupados com tudo que estava por vir e ainda houve quem chegasse como que se amarrado estivesse. No meu interior, cada gesto comunicava a ação de Deus por intercessão da Virgem Santíssima.

Durante todo o tempo de preparação para a viagem até Fatima nós sabíamos que, antes da partida, era preciso pedir à Mãe que nos abençoasse e completasse em nós a obra que deixamos inacabada.

CASA DO TRIUNFO

Pois bem, após a chegada de todas as famílias, nos preparamos para a oração do terço. Todos dispostos ao redor da árvore das Aparições, armados com seus terços e nós, as peregrinas, além do terço trazíamos também nossos passaportes para serem abençoados. Tudo em nossa vida carece da bênção de Deus.

O clima começa a se modificar e o vento sopra numa brisa morna e toca os rostos como se a Mãe nos fizesse um carinho que acalma.

A paz em nosso meio torna-se mais palpável à medida que os mistérios do terço vão sendo contemplados. É bom rezar em família!

Ao final do terço, eis que a Mãe nos presenteia com sua visita! A natureza toda responde à presença da Rainha do Céu e da Terra. Os pássaros silenciam, o vento se torna mais forte e fresco, as folhas começam a cair das árvores como confetes para saudar a chegada dela. Crianças interrompem suas distrações e se achegam mais, os olhares mudam e tudo é paz.

Nossa Senhora começa a nos falar e, primeiro, se dirige aos maridos. Na sua fala agradece-lhes por não se oporem à peregrinação essencialmente feminina e por se disporem a cuidar dos filhos no período em que nós estivéssemos ausentes.

Em poucas ocasiões a Virgem tem necessidade de tocar as pessoas, pois o toque na alma de seus filhos é o que importa, no entanto, nessa oportunidade, Ela fez questão de tocar cada marido e deixar sobre eles a certeza de que, na ausência de suas esposas, o cuidado da própria Virgem Santíssima se faria com eles e com toda a casa. Ela, por meio de minhas mãos, tocou-os de maneira única, intensa e delicada ao mesmo tempo. Falou aos ouvidos deles coisas particulares e fez alguns pedidos de ajustes de conduta como esposos e pais. O céu sempre quer nos melhorar. Nesse momento já era visível a mudança de postura de todos os homens. Estavam mais abertos para a graça de Deus. A graça foi derramada e não foi uma graça estanque ou ao menos momentânea. A graça que nos é concedida pelas mãos de Maria é para a vida inteira.

Uma mãe, quando precisa fazer uma viagem e deixar seus filhos, sempre sai carregada de preocupações. Nesse dia, a Mãe nos ensinou a esvaziar as mochilas interiores que tornam a viagem pesada demais. Para viajar, a mala pode ser pesada, mas para peregrinar jamais pode haver peso desnecessário. Quando se confia na providência divina, o peso não pode existir. Sendo assim, a Virgem convidou a cada uma de nós para entregarmos aos seus cuidados maternais os nossos filhos. Ela abençoou um por um e disse, a cada um, recadinhos amorosos e até alguns alertas para os jovens e adolescentes. A Mãe fez questão de abençoar a todos os filhos, até os que haviam se casado e o único que não estava presente, por motivo de estudar e trabalhar no Rio de Janeiro. A este último abençoou por foto no celular.

Pedir e receber a bênção é início da jornada de todo peregrino. Não existe possibilidade de realizar qualquer peregrinação sem a benção dAquele que nos motiva a caminhar. Nós, cristãos, somos povo do caminho e, por isso, não podemos parar a caminhada. Contra o desânimo ao caminhar, a Virgem nos apresentou o antídoto: pedir a BÊNÇÃO.

Dessa forma, como Ela havia nos instruído no mês anterior, levamos o passaporte e, num momento de muita emoção, colocamos esse documento nas mãos e recebemos dEla uma linda oração, que repetimos no dia do nosso embarque. Para que você, leitor e peregrino, tenha essa preciosidade em mãos, compartilho a oração da forma como nos foi revelada.

CASA DO TRIUNFO

"Que este passaporte abra para mim, não só a entrada em terras portuguesas, mas, principalmente, por meio dele, se abra o meu coração para o Triunfo do Imaculado Coração de Maria.
Consagro este passaporte ao Imaculado Coração de Maria e todos os que nele tocarem sentirão a presença da Mãe Maria que me guia, que me mostra o caminho e me leva a Jesus.
Este passaporte é pertença de Nossa Senhora. Eu sou apenas a guardiã deste documento.
Em nome do Pai, do Filho e do Espírito Santo! Amém!"

Com a bênção maternal, seguimos mais confiantes para os últimos preparativos que envolviam a nossa partida para terras lusitanas. A essa altura, e depois do toque maternal, nossas famílias foram tomadas de uma melhor compreensão do valor dessa peregrinação. Um peregrino tomado pelo infinito amor nunca está sozinho, tem sempre no coração os que ama. Peregrinar na bênção é caminhar sem medo.

Capítulo 12
EMBARQUE NA FÉ

"Não atemorizem vossos corações,
não tenham vãs preocupações."

Era novembro. Uma jornada de fé estava prestes a ter seu tão esperado início! Habitualmente somos perturbados pela ansiedade tão natural em cada um de nós quando estamos diante do novo, das descobertas, do nunca antes vivido. Sim, era este o cenário emocional de nossas vidas diante da proximidade de nosso embarque para Portugal. Para algumas, a novidade era ainda maior: viajar sem a família pela primeira vez, estar em outro país, realizar uma viagem de avião. Deus dá condições ao peregrino para seguir o caminho, mas há coisas que devemos resolver e agir com nossos próprios recursos. Desafios pessoais e intensos para todas nós.

Recordo-me de que nossas "feminices" desabrocharam. Compras de malas, casacos, meias e afins. O universo feminino veio com tudo, desde a pintura dos cabelos e outros cuidados femininos até a preocupação com o peso da mala se tornaram o centro dos assuntos e das nossas atenções.

Nós, por um instante, nos permitimos ser turistas e não era de se estranhar, contudo, o convite do céu não era esse. Não se tratava de uma viagem qualquer. Era uma peregrinação à Casa do Triunfo. O cumprimento de tantas promessas da Mãe em nossas vidas. Como pudemos nos enganar? Aconteceu. A distração nos roubou a essência do chamado e, distraídas, não notamos que perdemos o foco. No entanto, uma mãe nunca tira o olhar do seu filho e a Mãe do Céu não tirou de nós o seu olhar para garantir que embarcaríamos como peregrinas e não como turistas rumo a Portugal.

Assim sendo, já estávamos na véspera do embarque. Malas prontas e devidamente pesadas. O sentimento era de pura alegria e excitação pela viagem até o Rio de Janeiro para o embarque tão esperado e preparado. Permitam-me uma pausa para explicar que moramos a mais de 300km da capital, o que nos obriga a uma longa viagem de automóvel antes do *check-in* no aeroporto. Para estarmos seguras, fretamos uma *van* que nos deixaria direto no destino do embarque, evitando translado em táxis separados da rodoviária até o aeroporto.

No meio da tarde, um dos nossos anjos da guarda veio dar o sinal de alerta. Tenho certeza absoluta de que foi um anjo que abriu os olhos da Luiza para uma situação a qual todas nós ignorávamos. O nome da Rosangela no *voucher* estava diferente do nome do passaporte. No *voucher* havia sido colocado o nome de solteira, pois ela estava com documentos de solteira na época da compra das passagens aéreas e ao tirar o passaporte já estava com novos documentos nos quais havia sido incluído o sobrenome do marido.

CASA DO TRIUNFO

Pernas bambearam, estômago revirou e um frio ártico se fez dentro de mim. O que eu faria? Nesse instante, voltei ao foco: precisava rezar com a vida. Rezei, porém a urgência da situação não me permitia contemplações e demoras. Portanto, rezando e agindo, fiz a primeira ligação para a agência de viagens e a resposta não foi muito tranquilizadora. Fui informada de que fariam contato com a empresa aérea, mas, com menos de 24 horas, seria quase impossível fazer a alteração no cartão de embarque; com isso, Rosangela corria o risco de não embarcar.

O discernimento de não contar para a principal envolvida na questão veio de imediato, contudo, todas as outras foram avisadas para que se unissem em sacrifícios e orações por esta causa.

O impossível para nós foi o suficiente para nos trazer de volta à condição de peregrinas. Sendo assim, todas as preocupações e ostentações do turismo foram imediatamente abandonadas e o item principal em nossas mãos era o terço. O resto era realmente o resto. Nada mais importava.

A noite chegou sem uma resposta tranquilizante para nosso drama de nome divergente. A agência de viagem deu-nos todo o suporte, mas não garantiu o embarque. Fomos alertadas de que, caso tudo se resolvesse, ainda teríamos que pagar uma multa. Um peregrino não tem muito dinheiro de sobra, conta com a providência divina. Acreditando que a providência não falha, acenamos com a certeza de que pagaríamos a multa.

No mês de outubro, a Mãe nos havia instruído que devíamos colocar a oração em primeiro lugar, no entanto nos esquecemos disso. Eis que a madrugada antes de colocarmos os pés na estrada nos serviu de aprendizado. Vigiamos e oramos por alguém que nem sequer sabia do risco de não embarcar. Acreditamos que a Mãe intercederia por essa causa. Antes da aurora partimos rumo ao Rio de Janeiro, com corações e terços nas mãos, porém ainda sem uma resposta definitiva da companhia aérea.

Como sinal da providência e do cuidado maternal da Virgem, Rosangela, ao entrar na *van*, presenteou-nos com a oração do passaporte impressa (a que compartilhei no capítulo anterior), a fim de que cada uma colocasse dentro de seu passaporte. Por meio dessa iniciativa, fui um tanto reconfortada e pensei que tudo daria certo, afinal, os que tocassem aquele passaporte sentiriam o toque da Mãe e não há quem resista a esse toque de infinito amor.

A viagem de Itaperuna ao Rio foi rápida, na velocidade com a qual rezávamos nosso rosário meditado. Ao terminar, parecia que havíamos acabado de começar e, ao chegarmos ao destino, parecia que tínhamos acabado de sair de casa. Tempos de Deus.

Confesso que ao entrar no aeroporto e olhar o largo sorriso da Rosangela, que nunca havia saído do estado do Rio e estava prestes a visitar um outro país, o tremor me tomou novamente. Renunciei a essa sensação e aos pensamentos negativos que a originaram e louvei ao Deus de amor que, para agradar à sua Mãe, torna possível que uma trabalhadora autônoma (manicure) conheça o Santuário de Fátima.

Chegamos ao balcão de embarque às dez da manhã e nosso voo era somente à tarde, mas não podíamos deixar nada para última hora. Balcão vazio, silêncio e tempo de esperas. De fato, não basta orar, é preciso saber esperar.

Horas depois, recebemos a ligação da agência de viagens avisando que a alteração do nome havia sido feita e que o cartão de embarque estaria com nome alterado. Nesse momento, contamos

CASA DO TRIUNFO

para a Rosangela todo o aperto que passamos, desde a véspera, e nos abraçamos em choro de gratidão a Deus. Parecia que tudo estava resolvido e que nossos problemas estavam no fim, no entanto qual não foi nossa surpresa ao tentarmos emitir os bilhetes de embarque e perceber que o da Rosangela ainda estava com divergência no nome. Pausa nas *selfies* e volta para as súplicas a Deus.

A maneira da graça de Deus agir não tem os contornos de nossa vontade ou imaginação. Ficamos ali paradas, sem comer nada e à espera da abertura do balcão de embarque para saber se, de fato, nossa amiga seguiria conosco. Nossos planos de muitas fotos no aeroporto cederam lugar aos muitos terços rezados ali no saguão. Os frutos dessas orações foram muito maiores do que pudemos supor.

Balcão de embarque aberto e a fila logo se formou. Eu e Rosangela caminhamos lado a lado. Ela gelada e eu, na minha miséria espiritual, tremia de novo. A voz que chamou o "próximo" parecia um trovão e lá estávamos nós diante do funcionário que nos sorriu, tomou o passaporte nas mãos e olhou para a Rosangela. Tudo ao redor parou naquele instante. Ele observou e detectou a divergência, checou com a certidão de casamento e, após pedir para que colocássemos as malas na esteira, disse: Tenha uma boa viagem!

O inacreditável aconteceu! Ao tocar no passaporte, o homem sentiu o toque da Mãe. Nesse toque, todo o mais se rendeu e abriu caminho para nós todas, desde a passagem pela polícia federal até o portão de embarque.

Aprendemos, ainda que momentaneamente, a lição de que um peregrino não deve se tornar turista. O tempo de oração pela Rosangela favoreceu a todas nós. Embarcamos na fé. Tínhamos certeza de que estávamos guardadas sob o manto da

CASA DO TRIUNFO

Virgem Santíssima e sendo guiadas pelo Anjo de Portugal, conforme ela mesma nos havia prometido.

Os remédios para possíveis males durante o voo, como dores de cabeça, vertigens e, até um certo medo, permaneceram todos guardados, ainda que todo o *stress* ou enorme tempo sem comida pudessem contribuir para tais situações desagradáveis. Viagem segura e tranquila nas asas do Senhor!

Ao peregrino está posto o caminho, em Deus a força para a caminhada!

Capítulo 13
BELEZAS NO CAMINHO

*"Se desejarem e se forem fiéis,
viverão à sombra do Altíssimo."*

D oze horas de viagem dentro de um avião podem parecer muito longas, porém, nas asas do Senhor, foram tranquilas e cheias de paz. Todo o tempo nos sentimos seguras e amparadas.

O dia dava indícios de claridade, parcos raios do sol começavam a pintar o céu de Lisboa momentos antes de nossa aterrissagem. Era o anúncio de um tempo luminoso para nós. Meu corpo apresentava sinais de que precisava se esticar, mas minha alma já se sentia livre da cabine do avião, antes que este tocasse o chão. O instante da aterrissagem em solo lusitano foi a demonstração do cuidado materno. A imensa e pesada aeronave pareceu acariciar a pista de pouso como num toque de mãe à beira da cama do filho, no intuito de despertá-lo. Não houve trancos e nem bruscas frenagens. O momento foi tão sublime que arrancou aplausos dos passageiros ainda sonolentos. Por

CASA DO TRIUNFO

certo, a Mãe do Céu demonstra seu cuidado por nós de muitas maneiras. Nessa certeza, ainda dentro da aeronave, naquele movimento coletivo de pegar malas e não esquecer nenhum pertence, uma passageira da fileira de assentos ao lado olhou para mim, sorriu e perguntou de onde eu era. Receptiva ao seu carinho, também sorrindo, disse que era brasileira, do noroeste do Estado do Rio de Janeiro. Ela continuou a breve conversa alertando que eu deveria ter cuidado com os batedores de carteira em Lisboa. Coisas de mãe que não cansa de avisar aos filhos sobre o perigo. Agradeci e, em seguida, com portas abertas iniciamos o desembarque. Sempre vigilantes com as bolsas e malas.

A alegria não cabia no meu peito e nem no meu sorriso. O corpo não parecia ter passado tanto tempo em uma mesma posição. Fui invadida por uma sensação maravilhosa de que grandes coisas estavam por vir. Tem início nossa peregrinação em terras portuguesas. Tudo começa com a passagem pela imigração e, já neste primeiro contato com os portugueses, fui duramente inquirida sobre o motivo da viagem a Portugal, questionamento de praxe, imagino. O que não supus foi o descaso da agente de imigração quando informei que minha viagem tinha motivo religioso, era uma breve peregrinação. Debaixo de um incrédulo olhar, a policial disse em alto tom "Você já foi a Fatima? Não há nada o que se fazer lá!". Parei e pensei, como não há nada o que se fazer lá? Depois cheguei à conclusão de que para os que se fazem órfãos da maternidade celeste, de fato, não se encontra o que fazer em Fátima, Casa do Triunfo.

Passado o inicial susto e depois de perceber que, realmente, a maioria das pessoas não sairia do Brasil para fazer uma viagem à Europa para ficar somente três dias, seguimos nosso percurso que

CASA DO TRIUNFO

começou em meio a esteiras, corredores nunca vistos, trocas de roupas no banheiro, higiene matinal e, por fim, o tão desejado café, de fato, uma paixão na minha vida.

Dentro do aeroporto eu ainda precisava comprar um *chip* internacional para meu celular e, apesar da imensa fila para adquiri-lo, algo fazia com que eu persistisse na fila e gastasse alguns tantos euros nessa compra que eu jamais suporia ser tão necessária, quanto descobri ao final de nossa viagem. Mas esse é assunto para capítulos à frente.

Depois do cafezinho, calmamente saboreado, fomos ao encontro do guia que contratamos para o translado e pequeno *tour* em cidadezinhas pitorescas a caminho de Fátima. O senhor que nos apareceu era um tanto quanto agitado e severo, ao nos cobrar atraso na chegada (isso se deu por minha compra do *chip*). No entanto, toda animosidade inicial foi quebrada com sorrisos e falatórios de sete mulheres entusiasmadas com o dia que se iniciava. O senhor Fernando Bento, nosso guia, mostrou-se um anjo para nós no decorrer de toda a peregrinação.

Lufadas de ar gelado na saída do aeroporto e nuvens carregadas tomaram todo o céu que, do alto, parecia tão colorido e aquecido pelo sol. O cristão é, por essência, pertencente ao povo do caminho e nesse caminho existem mudanças e surpresas; todavia, é preciso seguir com fé, decididamente.

Na trajetória das pequenas paradas que faríamos em Óbidos, Nazaré e Batalha, o Sr. Fernando foi descrevendo o roteiro do dia e sendo bem enfático ao falar da obediência aos horários nas paradas. Melancolicamente e com gostoso sotaque português, disse que não demos sorte com o "climatério". Pensei que falava da menopausa e nos julgava senhoras já nessa fase de vida. Depois, percebi pela sequência de sua explanação que se referia ao clima. Ele nos adiantava ao anunciar dias intensos de chuvas fortes em que não aproveitaríamos muito nossa curta estada. Sim, de fato um turista já começaria a reclamar, no entanto nós – peregrinas –, louvamos a providência divina que prepararia o que nos fosse necessário, já que assim havia sido prometido por nossa Mãe.

No percurso até a primeira parada, fui sendo invadida por uma imensa paz e voz interior que me preparava para olhar com olhos de fé tudo que encontrasse no caminho da peregrinação. Todo o extraordinário de Deus está oculto por nossa falta de habilidade para ver a vida e tudo o que nos acontece com olhar de fé. Ah, se compreendêssemos o amor de Deus por nós, perceberíamos constantemente sua mão poderosa agindo em favor de nossa felicidade! Amor não faltou para nós em Fátima e arredores.

Primeiro sinal da presença de Maria e força de Deus estava em Óbidos – uma cidadela cercada de altas e austeras muralhas. Antes de descermos, uma chuvinha se anunciava e nosso cauteloso guia nos pediu cuidado ao andar sobre as escorregadias pedras em nosso caminho. Assim que fizemos o desembarque da *minivan*, o céu se abriu sobre nossas cabeças e é claro que nossos sorrisos também. A visita seria rápida, em torno de 30 minutos.

Em Óbidos, descobri que o caminho do peregrino é bem exigente, com pedras que podem trazer quedas e altas muralhas que impedem a visão do entorno, porém é necessário subir, continuar a caminhada e perceber que as flores encrustadas nas paredes desgastadas são sinais de que a vida pode ser renovada, apesar do tempo e das rachaduras, dos sinais de tempos períodos difíceis.

CASA DO TRIUNFO

Esse foi o cenário que vislumbrei em Óbidos. Depois de subir, subir e subir, encontrei uma igrejinha no alto, de cuja escadaria o horizonte estava à mostra, o céu, que minutos antes era cinzento, se abriu diante dos meus olhos. Sim, no alto está o céu, esperando-me subir com cuidado e persistência. O que se revelará na Jerusalém Celeste não terá proporção de beleza, nem com as mais belas flores e encantos da minha caminhada terrena, e merecerá, sim, as marcas de sacrifício da caminhada, que ficarão à mostra na minha carne e na minha história.

Tempo de parada terminado e, ao voltarmos para o estacionamento, fomos pegas por uma chuva intensa, que nos anunciava uma forte chuva da graça de Deus sobre nós nos próximos dias. Seguimos debaixo de tempestade até Nazaré, o que fez com que nosso guia confirmasse que sua previsão estava certa e que a chuva não daria trégua. Qual não foi a surpresa do Sr. Fernando e nossa também, quando ao chegarmos a Nazaré a tempestade parou assim que pusemos os pés para fora do transporte.

Nazaré é famosa pelo seu mar com altas ondas e igrejas ornadas pelos lindos e únicos azulejos portugueses. Histórias e tradições de devoção mariana enchem este lugar. Entrei nas igrejas, contemplei suas belezas arquitetônicas e artes sacras, porém foi diante da grandeza do mar que me detive.

A tempestade concedeu-me tempo para extasiar-me diante do parapeito do mirante e, numa oração sem palavras, agradecer à Virgem pelo carinho de me permitir estar ali, parada, percebendo a grandeza de Deus na força das ondas. Também para o peregrino, o mar da vida pode ser bravio e de altas ondas, contudo, isso não importa. O essencial é estar no mar de Jesus e Maria de Nazaré. O tempo passou rápido na visita em Nazaré. Talvez seja porque a lição a ser aprendida ali, rapidamente se tornou clara e visível ao meu coração, exatamente como o mar de Nazaré e suas ondas gigantes.

De volta ao automóvel, todas as sete acomodadas e felizes, seguimos para nossa próxima parada antes do definitivo destino. Dirigimo-nos para Batalha e lá tivemos uma pausa para o almoço.

Depois de muitas horas de voo, de um tempo em filas da imigração e esteiras de aeroporto, de puxar malas pelo saguão e de visitar duas cidades, seria natural que estivéssemos desanimadas, no entanto a graça de Deus que operava em nós mantinha-nos despertas e felizes. Foi em Batalha que percebemos que a Mãe estava comandando o tempo a nosso favor. Ao entrarmos no carro ou em algum local coberto, chovia copiosamente, porém, assim que tínhamos que caminhar ou visitar área descoberta, a chuva parava. E foi dessa forma que todas nós percebemos que a Mãe cumpria o que nos prometera no Brasil, ao dizer: "Eu estarei no comando do tempo". De fato, Nossa Senhora reinava e as batalhas iam sendo vencidas em prol do nosso proveito, em todas as situações.

Dessa forma, em Batalha, percebi, por meio de sua história e de seu belíssimo mosteiro, que nossos combates não serão vencidos por nossas forças naturais, mas, sim, com a força sobrenatural de Deus em nossas vidas com a qual poderemos exclamar como a Mãe: "O Senhor fez em mim maravilhas!" (Cf. Lc.1,49).

A tarde ia chegando e fomos nos dirigindo para o destino da nossa peregrinação: Fátima. Entre Batalha e Fátima, paramos em um galpão que vende imagens e *souvenirs* portugueses. Não posso deixar de registrar que também ali aprendi muito sobre peregrinações e consumo. Muitas vezes, peregrinamos a lugares religiosos

CASA DO TRIUNFO

tão importantes para o fortalecimento da nossa fé e crescimento espiritual, mas acabamos por fortalecer mesmo o comércio local e perdemos um precioso tempo. Dentro daquela imensa loja, eu andava pelos corredores, olhava as pessoas se agitando e comprando e reafirmava dentro de mim que não havia viajado todo aquele tempo para trazer coisas para Brasil. Posto isso, enchi-me de uma reta intenção de que não mais perderia minha condição de peregrina, enquanto estivesse em Fátima e que só compraria o essencial, ainda que depois me arrependesse. Deixei minha cesta, peguei um pouco do que havia separado e me dirigi ao caixa. Sentei-me num banco de frente para a rua e fiquei aguardando minhas amigas. De fato, o que um peregrino vai buscar, principalmente na casa da Mãe, não poderá ser adquirido, tem que ser recebido, é dom gratuito.

Entramos numa avenida larga e cheia de verde ao centro, linda visão. Senti que estava às portas do paraíso. A *minivan* estacionou na frente do hotel São José. Para entrar na casa de Maria, fomos recebidos por seu esposo. Não, não foi, de modo algum, uma coincidência em nosso pacote de viagens nos ser oferecido este hotel. Somos paroquianas da Matriz São José do Avahy em Itaperuna, Estado do Rio de Janeiro, portanto, nos hospedarmos no Hotel São José foi cuidado de Deus e capricho da Virgem Santíssima. Ela gosta de cuidar dos detalhes de nossas vidas. Basta prestar atenção e veremos sua mão comandar nossa existência. Recomendo, caro leitor, que você faça a experiência de depender dEla em tudo na vida. Entregar tudo, aceitar o que vier e agradecer ao final. Eram quase 18h, em Portugal, quando entramos em nossos quartos para a primeira noite em Fátima.

Euforia, alegria, expectativas, gratidão por estar ali naquele santo lugar, a Casa do Triunfo!

CASA DO TRIUNFO

Depois das arrumações iniciais e de um banho gostoso, que colaborou para recuperação de nossas energias, partimos para nosso jantar celebrativo. Um peregrino não pode se esquecer de celebrar. A vida carece de celebração a cada conquista, principalmente quando a vitória é alcançada com a graça operante de Deus, distribuída a nós pelas mãos de Maria.

O jantar foi maravilhoso, porém inesquecível e marcante foi a nossa chegada ao quarto do Hotel São José. Estávamos ainda no corredor, em alegres conversas, quando uma de nós percebeu que a chuva que caía trazia algo que nunca havíamos visto antes. Era uma chuva de contas. Sim, isso mesmo! Uma chuva de pequenos pedaços de gelo em formato esférico, como pequenas pérolas ou contas de rosário, perfeitamente torneados. Naquele instante sabíamos que a Mãe nos acolhia na casa dEla com o que nos levou até lá: a oração do santo terço. As contas dos terços, que da Terra oferecemos ao céu, agora vinham do céu para nós. Uma oração não fica sem resposta. Os nossos pedidos a Deus e à Virgem Santíssima podem ser ordinários e simples, no entanto a resposta divina a estes pedidos é farta e extraordinária.

O primeiro dia em Fátima não poderia terminar de maneira mais especial.

Capítulo 14
A CASA DO TRIUNFO

"Eu as abençoo e as coloco, todas, debaixo do meu Manto. Contemplem a minha presença em tudo o que olharem."

O dia amanheceu ensolarado, parcas nuvens pintavam de branco o céu de azul claro e intenso. Ainda assim, o frio era marcante; logo, para suportar o dia inteiro, nos preparamos com roupas bem aquecidas. Porém, nada era tão ardente e quente como meu coração, que desejava se encontrar com a Mãe com o título de Senhora do Rosário de Fátima.

A primeira vez que pude ver esta bela aparição celestial, a Virgem se apresentou como Nossa Senhora de Fátima e, antes de nos comunicar o nome de Mãe do Infinito Amor, era dessa forma que podíamos contemplá-LA em aparições particulares na casa da minha mãe.

Em mim tudo era emoção. Sentia tudo ao mesmo tempo: alegria, euforia, júbilo, aperto no peito, frio na barriga, secura na boca. Não tinha fome e poderia dispensar o desjejum para lançar-me em passos largos e apressados na direção do Santuário de Fátima, que ficava localizado a uma quadra de distância do Hotel São José. No entanto, era necessário ouvir a voz da razão e me alimentar bem para o dia cheio que teríamos pela frente. Qual não foi minha surpresa ao notar que, já no café da manhã, a Virgem demonstrava sua presença e cuidados maternais. No centro do restaurante, muito aconchegante e bem decorado, havia sido preparada uma mesa com exatos sete lugares. A mesa posta parecia ter sido preparada por anjos, estava destacada das demais e, sem exagero algum, tinha uma luz que a tornava a mais iluminada do ambiente. Quando adentramos no espaço, fomos recebidas por um jovem rapaz de pele clara e cabelos castanhos, que perguntou: "São as sete que vieram do Brasil?". Ao que respondemos positivamente, recebendo do nosso anfitrião um amável acolhimento de boas-vindas. Um misto de surpresa e alegria contagiou a todas, porque o jovem de voz calma e serena disse ao completar sua saudação: "Sou Ângelo (significa anjo, mensageiro) e cuidarei de vocês enquanto estiverem aqui!". Para algum turista distraído tal realidade passaria despercebida, porém o peregrino segue todo o percurso percebendo a ação poderosa da graça divina agindo nos menores detalhes. Fomos conduzidas pelo Anjo de Portugal que ordenou um anjo para cuidar de nós em nossa hospedagem. Aos que creem, destina-se a providência, aos que desacreditam, serve a coincidência.

Chegara o momento aguardado, a visita à Casa do Triunfo. Ao abrirmos a pesada porta de entrada do hotel, um vento forte quase nos carregou, foram asas de anjos batendo numa revoada de bênçãos celestiais. Entramos no santuário pela lateral onde está destacada a imagem de Nossa Senhora Aparecida. Saudamos a Mãe, padroeira do Brasil, nos emocionamos numa pequena oração de

CASA DO TRIUNFO

agradecimento e seguimos com o intuito de caminhar sem olhar para o pátio e basílica antiga, até que estivéssemos de frente para ela. Qual não foi minha emoção ao me deparar com a enorme escultura de São João Paulo II. Parei, lágrimas quentes me tocaram a face e ali, junto de meu santo de devoção, rezei, agradeci e pedi que, a exemplo dele, eu também fosse toda de Maria.

Ficamos enfileiradas dando as costas à basílica antiga e capelinha das aparições, até que viramos juntas e, imediatamente, tocaram os sinos com a canção "A treze de maio". Emoção como essa acho difícil de descrever, é necessário sentir. Sentimos, sim, todo amor da Mãe ao olharmos de modo contemplativo o pátio puro, só as sete e a Rainha, imponente e alva, no alto da basílica.

Caminhamos devagar por todo o pátio e nos detivemos emocionadas diante da imagem da Virgem que fica exposta na Capelinha das Aparições. Todo o santuário tem uma enorme força espiritual, mas a capelinha e a basílica antiga trazem em si o sobrenatural, que chega a ser palpável, concreto e denso. Tenho absoluta certeza de que tal impressão passa despercebida aos que visitam Fátima como ponto turístico. Nós, não! Estávamos diante do cumprimento de uma promessa, era a nossa resposta ao convite do céu.

Detivemo-nos ali por certo tempo, chorando, rezando silenciosamente e, depois, seguimos para o interior da Basílica antiga.

No interior da basílica, nos aproximamos dos túmulos dos pastorinhos. Ali pudemos experimentar a certeza de que a morte não é fim. Nesse momento foi quebrado em mim o medo da morte que eu trazia, na verdade era um pavor. Havia tanta paz naquele lugar! Fomos sendo invadidas por essa paz ao ajoelharmos e rezarmos pedindo que os três videntes se tornassem nossos amigos espirituais. A Virgem me falou ao coração que era necessário pedir situações específicas para nosso crescimento na fé a cada um dos pastorinhos.

"Peçam que Jacinta as ensine a rezar com leveza, ao Francisco que lhes anime a fazer sacrifícios de amor a Jesus e, para Lúcia, peçam que as ajude a serem fiéis aos propósitos de Deus."

Após nossas orações, a Virgem me falou para nos dirigirmos para a lateral da igreja. Desejo esclarecer que quando digo que a Virgem me fala, significa que Ela usa de uma voz interior que ecoa em minha mente. Algo muito difícil de explicar com exatidão por se tratar de uma experiência mística, sobrenatural.

Já na lateral esquerda da igreja, paramos debaixo de uma grande azinheira de galhos longos e muita sombra. Tinha um grosso tronco que nos fazia reconhecer ser uma árvore bem antiga. Fizemos um pequeno círculo e, nesse lugar, agora de forma audível para todas, a Virgem nos dirigiu algumas palavras receptivas para nossa chegada à Casa do Triunfo – Fátima. Perdemos as contas de quantas vezes nos emocionamos durante os três dias que passamos nesse santo lugar. Ouvimos atentamente, nos abraçamos ao final e seguimos nosso dia, que tinha como programação participar do terço e da missa ao meio dia.

Circulamos pelo lugar sem conseguir conhecer tudo e, depois de um tempo, fomos à lojinha do Santuário. Pretendíamos somente conhecer, mas achamos por bem contribuir com o local, fazendo algumas compras como forma de gratidão ao espaço tão bem cuidado e tão receptivo aos peregrinos. O que nos passou despercebido foi o avançar da hora e, lá pelas onze da manhã, vimos que já era hora de entrar na fila e, dessa forma, notamos que só havia um atendente e que a fila não andava. Pensei em desistir das coisas colocadas nas cestas, porém, mais uma vez, a Virgem me disse interiormente para ficar atenta ao que se daria. Conforme Ela nos havia prometido no Brasil, que governaria o tempo, assim o fez naquele momento. A fila não andava, mas o tempo também não passava. Enquanto a fila permanecia parada, o ponteiro do relógio não se mexia; quando uma pessoa era atendida e a fila andava, também o ponteiro do relógio seguia devagar.

Imagens a serem bem embaladas, trocos difíceis e demorados, cartões que não passavam nas máquinas. Tudo aconteceu e somente um funcionário para prestar todo o atendimento. O atendente era muito solícito com todos. Sorria e agradecia a cada um com muita gentileza. Sem reclamar, vimos o tempo parar. Já eram onze e quarenta e cinco minutos e ainda faltavam muitas pessoas na nossa frente. Sem levar em conta que o nosso atendimento seria demorado, pois eram sete cestas, todas já haviam percebido o tempo parado e isso nos trouxe a oportunidade para louvar a Deus e à Nossa Senhora. Exatamente ao meio dia, saímos da loja do Santuário que ficava a poucos metros de distância da Capelinha das Aparições. Dessa maneira, compreendemos que ao peregrino basta crer e então contemplar as maravilhas reservadas para aquele que tem fé. O fato trouxe a certeza do que Ela havia nos dito debaixo da azinheira: "Por vocês o tempo muda, a chuva para, as portas se abrem...".

Rezamos com devoção o terço e participamos da Santa Missa. Momento especial no qual Ave Marias rezadas em diversas línguas começam e terminam sempre juntas. Sim, os filhos são diferentes, contudo, uma só é a Mãe.

Pausa para o almoço. Risos e ligações de vídeo para falar com a família. Não havia tempo para descanso. Ao término do almoço,

CASA DO TRIUNFO

fomos conhecer um pouco mais da Casa do Triunfo. Visitamos a Basílica nova, chamada de Basílica da Santíssima Trindade. Foi esse lugar que vi, em janeiro de 2019, quando estava em Florianópolis. Paredes imensas e longos corredores compõem a arquitetura da nova basílica. É linda e imponente, no entanto não tem em si a carga espiritual dos lugares antes visitados, a basílica antiga e a Capelinha.

Na saída dessa nova construção, fomos surpreendidas por um tempo fechado e nuvens negras, choveu torrencialmente e até nos perturbamos, sem entender o porquê a Mãe Santíssima havia desistido de nos proteger das fortes chuvas. Corremos e nos abrigamos de frente para a basílica olhando para o enorme pátio que outrora vimos cheios de peregrinos. Não nos entristecemos por estarmos presas ali até a chuva dar uma trégua, ao contrário, nos alegramos pela copiosa benção que caía do céu. Começamos a cantar músicas marianas e a dançar com palmas e braços erguidos. Ao nosso redor, os peregrinos sorriam discretamente, e sem vergonha da declaração de amor que fazíamos para nossa Mãezinha, continuamos. De repente, a chuva começa a parar e eis que surge, por detrás da antiga basílica, um lindo arco-íris, quase neon, que se acendia à medida que íamos cantando. Para termos a certeza da manifestação da natureza ao comando da Rainha, o enorme sinal da aliança desaparecia entre uma canção e outra e se tornava forte e vibrante ao cantarmos alegremente. Foi lindo, foi único, foi especial!

A chuva cessou e seguimos para a visita ao Museu de Cera. Lugar maravilhoso e que nos possibilitou revisitar toda a história das aparições com riqueza de detalhes e imagens, quase que reais. Recomendo essa visita para ser vivida com devoção e para

CASA DO TRIUNFO

o conhecimento de toda história de milagres e sofrimentos que fizeram de Fátima, verdadeiramente, a Casa do Triunfo.

Ainda não era o fim do dia, mas, como peregrina neste mundo, aprendi com Maria, naquele dia, que a morte de alguém que viveu em Deus é coroada de graça e permite que mesmo no escondimento de um túmulo, a vida do fiel vence a morte e continua a emanar vida plena. Aprendi que o tempo de Deus é diferente do meu, mas que o comando de um tempo de graças está nas mãos da Rainha do Céu e da Terra. Compreendi que coisas novas e velhas convivem em harmonia, desde que tudo seja feito para agradar o coração de Deus. A Mãe ainda me ensinou a preciosa lição de que dias ensolarados e claros podem transformar-se em dias cinzentos e chuvosos, mas que a aliança feita no amor de Deus permanece em ambos. Por fim, aprendi com os "miúdos" Jacinta, Francisco e Lúcia (é assim que Maria chama os três pastorinhos, mesmo Lúcia tendo vivido muitos anos) que o céu é dos que são pequenos para este mundo, mas respondem positivamente com a vida e o serviço ao chamado de eternidade. Aprendizagens essas que mudaram minha espiritualidade.

Voltamos ao hotel para a preparação da nossa participação na procissão de velas.

Dia de bênçãos, noite de luz!

Capítulo 15
NOITE DE LUZ

"Nunca deixem o medo dominar as situações de vossas vidas!"

O frio e a escuridão podem ser grandes geradores de medo para o peregrino durante sua jornada, contudo, nessa noite tão ímpar e especial, o medo foi derrotado pela graça do amor maternal que nos convidava à sua casa – a Casa do Triunfo.

Quando acreditamos que estamos sob a proteção do Altíssimo, as condições internas se agigantam diante das questões externas, ainda que estas últimas sejam bem adversas.

Durante toda a nossa preparação para a peregrinação a Fátima, rezamos pedindo a graça de participarmos da Procissão Luminosa. No próprio *site* do Santuário e de hotéis havia a informação de que a procissão poderia ser interrompida no inverno e, em caso de chuva, não aconteceria. Recordo-me que ao chegarmos em Lisboa, o Sr. Fernando nos advertiu sobre nossa falta de sorte

CASA DO TRIUNFO

com o climatério e que não teríamos a oportunidade de participar da bela procissão luminosa que acontece cotidianamente no Santuário. Em Fátima, constatamos que a previsão meteorológica nos avisava sobre o frio e pancadas de chuva; no entanto, com a certeza da fé naquilo que não se pode ver, nos preparamos com a aquisição das velas e nos vestimos com inúmeras camadas de roupa, como casca de cebola. Deixamos o Hotel São José e fomos caminhando na direção do Santuário de Fátima. Percurso curto, porém, cortado por vento frio que parecia encontrar frestas em nossas vestimentas para fazer gelar o corpo.

Chegamos bem cedo e tivemos tempo de tirar a foto que está estampada na capa deste livro. Até para o simples fato de tirarmos as fotos, contamos com a providência divina. Éramos em sete e sempre uma de nós tinha de ficar de fora, caso a foto não fosse uma *selfie*. Exatamente naquele instante, em meio ao breu do pátio, que estava completamente vazio segundos antes, surge um rapaz que se oferece para tirar a nossa foto. Foto significativa que retratou todas nós, juntas, olhando para a grandeza do Santuário, para a Casa do Triunfo, com pequenas mochilas nas costas e coração pleno da graça daquele encontro. Dessa maneira, aquele rapaz que tão rapidamente passou por nós e depois desapareceu, eternizou o instante marcante, o nascimento da capa desta obra.

Descemos o grande espaço do pátio externo até chegar à Capelinha das Aparições e nos posicionarmos para o início do terço. Tivemos a alegria de fazer a transmissão para os seguidores do Instagram da Mãe do Infinito Amor, que puderam participar deste momento de oração conosco. Mais uma vez, a ponte entre os títulos tão preciosos de Nossa Senhora se fazia por meio de nós. Podíamos ler – nos comentários da nossa amadora transmissão – que as pessoas podiam sentir a presença forte da Mãe, que marca esse lugar e invade os corações dos peregrinos que chegam do mundo inteiro para visitar a pequena Fátima.

As contemplações dos mistérios eram rezadas e meu coração parecia um tambor dentro de mim. Não entendia o motivo daquela agitação interior até perceber que, após o terço, uma grande cruz iluminada veio do fundo da capelinha e se colocou a meu lado. Em seguida, eis que surge a minha amada, a Senhora do Triunfo! Parecia que Ela me olhava e repetia sem cessar: "Por fim, meu Imaculado Coração triunfará!".

Daquele instante em diante, entrei numa espécie de êxtase. Não conseguia mais me preocupar com a transmissão, passei para a Luiza essa responsabilidade e segui atrás da grande imagem que fisgou meu coração e me fez desligar da realidade para me perceber, de fato, em uma caminhada rumo ao céu.

O pátio, que a poucos instantes era escuro e vazio, enchia-se de pequenos pontos de luz que iam formando uma constelação de pequeninas estrelas, dentre as quais, Maria, a Virgem de Fátima, sob os ombros de quatro homens, cercada de sacerdotes, ministros e servos do Altar, parecia bailar à minha frente. Minhas pernas paralisaram por um momento e eu via a pequena multidão partir em direção às filas da procissão. O silêncio só era rompido pelas orações e cânticos marianos muito bem entoados. Os peregrinos não se acotovelavam ou se espremiam e nem ao menos conversavam distraidamente. Era um arrebatamento.

Após instantes paralisada, comecei a andar olhando para minha Mãezinha e, no caminho, conversava com Ela. Pedia luz para minha vida, para a minha família, para aqueles que eu trazia em oração para entregar a Ela. Eu caminhava e via o espaço se abrindo diante de mim, inusitadamente, sem saber como cheguei até o andor. Lá estávamos nós, eu e Ela, minha vela e meu lenço branco (bordado de azul celeste com meu nome e o "M" de Maria, o que tem a cruz em cima), que Ela mesma deu ordem de fazer e levar para Portugal.

Agora, ao narrar esse momento, lembro-me exatamente das sensações e do que conversamos. Em um dos diálogos interiores, disse-LHE que se o céu fosse traduzido pelo amor e pela paz que eu podia sentir naquele instante, desejava ir imediatamente, caso, com Ela, pudesse estar. Desejos de arrebatamento, de cume, de alturas, mesmo sabendo da minha indignidade.

A procissão passou como um piscar de olhos para mim e, ao final, ao som do sino que tocava, a emoção tomou-me ainda mais. As glórias de Maria merecem tantos outros e infinitos momentos devocionais como este. Bendito Santuário que venera a santa Mãe de Deus com tanto zelo e amor. Bendita peregrinação que, embora, menor do que o tempo que eu desejava, porém tão suficiente, fez-me achegar ainda mais ao Imaculado Coração de Maria. Uma Mãe que aceita nossos feixes de luz e caminha entre nós para que a plena luz de Deus possa nos tocar e fazer queimar, arder de amor pela pátria celeste.

Quando os sacerdotes, seguidos pelos guardas da Rainha, iam se direcionando para a guarda da imagem, acenei com meu lencinho branco, querendo que o tempo parasse para amar e reverenciar um tanto mais a Virgem de Fátima. Que saudade desse encontro, do cheiro de rosas, da luz das velas...

CASA DO TRIUNFO

Ao fim de tudo, enquanto os romeiros se dissipavam e buscavam acolhida em lugar coberto, percebi que estava, de fato, muito frio e procurei encontrar minhas amigas para também nós buscarmos abrigo, e logo.

Todas nós trazíamos estampadas no rosto as marcas das emoções vividas na Procissão Luminosa. Uma mistura de lágrimas e sorrisos podia ser vista em nossas faces coradas pelo frio intenso.

Assim que a procissão terminou, começamos a sentir os efeitos do frio intenso que fazia e de alguns pinguinhos de chuva que começavam a nos tocar. Encantadas com o momento vivido, retornamos ao hotel para uma noite de descanso. Para minhas companheiras peregrinas, a noite pode ter sido de descanso, porém, para mim, foi uma noite intensa de experiências nunca antes vividas e que estarão bem guardadas no coração e na memória. Vigiar e orar é preciso.

Capítulo 16
BOSQUE DE VALINHOS

"Hoje, vocês são para mim Lúcia, Francisco e Jacinta. Hoje, vocês são minhas crianças que levo a passear no Bosque de Valinhos!"

Amanheceu! Era o segundo dia inteiro para vivermos as delícias de Fátima. Bem cedinho, nos preparamos para um café da manhã substancioso, com o objetivo de aguentarmos por muito tempo no Bosque de Valinhos, onde faríamos a Via Sacra. Nossa Senhora já havia nos pedido essa via sacra e, por isso, estávamos muito empolgadas.

Durante o café, contei para as minhas amigas a experiência vivida na madrugada com o meu Anjo da Guarda, que me anunciara um dia muito especial em que o sol iria raiar e nos surpreender. Saciadas e prontas para embarcar numa espécie de trem sobre rodas que circula no interior de Fátima e arredores, partimos para a rodoviária, que fica a poucos metros de distância do Hotel São José.

CASA DO TRIUNFO

O trajeto já anunciava um dia de céu azul e sem sinal algum de que o tempo pudesse vir a fechar. O sol, no inverno europeu, traz luz aos dias cinzas, porém não aquece como desejaríamos.

Dirigimo-nos ao guichê, a fim de adquirirmos nosso tíquete de embarque para Rotondo (uma rotatória que dá acesso ao Bosque de Valinhos). No entanto, o tipo de transporte que precisávamos não vendia as passagens nos guichês, mas, por graça divina, ainda conseguimos sair em carreira e pegar o trenzinho que já se preparava para a partida. Não podíamos perder tempo em Fátima, todos os segundos naquele santo lugar eram preciosos demais, por isso, louvamos ao Senhor quando conseguimos embarcar no trenzinho e seguir para Rotondo. O trenzinho era todo coberto de uma espécie de plástico transparente para proteger os passageiros do gelado vento invernal. O peregrino é sempre convidado a louvar a Deus em todas as circunstâncias de sua peregrinação. Portanto, a cada louvor, ele percebe a bênção divina atuar e fazer crescer a fé na caminhada.

O percurso até a entrada de Valinhos foi relativamente rápido e não entrou nenhum outro passageiro, ainda que a maquinista fizesse paradas e percursos por quase todas as principais ruas de Fátima. Imaginamos, então, que o Bosque de Valinhos estaria vazio.

Na chegada ao ponto de desembarque já nos surpreendemos e encantamos com a preciosa escultura dos três pastorinhos, localizada ao centro da rotatória. O lugar é mais lindo de ver do que de fotografar. Nenhuma foto capturou a beleza do céu que se manifestava como uma moldura azul e reluzente para a enorme escultura.

Fizemos nossa preparação para a subida e meditação da via sacra no Bosque de Valinhos. Tiramos das mochilas nossos panfletos de oração, a capelinha da Mãe do Infinito Amor, e nos reunimos

CASA DO TRIUNFO

para a oração inicial. Já sentia a forte presença de anjos que ocupam todo o bosque e percebemos um enorme grupo de romeiros que começava também a via sacra, sendo guiados por um sacerdote. Eram brasileiros.

Aguardamos por alguns instantes, para que conseguíssemos manter distância do ruidoso grupo, porque a Mãe já me dizia interiormente que gostaria de nos falar durante nossa jornada entre a natureza de Valinhos.

Quando pensamos que estávamos prontas para começar nossa caminhada de forma mais reservada, surge atrás de nós outro grande grupo de romeiros. Dessa forma, fomos seguindo e durante as três primeiras estações estivemos um tanto agitadas e perturbadas pelo barulho e tumulto de peregrinos distraídos, que não se davam a oportunidade da contemplação da natureza daquele lugar, do céu azul e limpo, quase sem nuvens, do frescor da brisa que nos tocava o rosto. Nós, não! Era nítido nosso olhar curioso de criança diante da novidade. Foi, então, que entre a terceira e a quarta estação da Via Sacra, fomos alcançadas pelo favor maternal de Maria; paramos diante da mureta de pedra, olhamos para o sol e o astro-rei começou a pulsar na nossa direção, pulsava e se aproximava de nós. Ajoelhamos e o choro foi inevitável. A emoção nos tomou ao fazer a experiência mística com a Senhora do Sol. Ela estava no sol, apesar de não conseguir ver com nitidez. Não foi um fenômeno apenas para algumas de nós, foi para todas e ao mesmo tempo. O sol começou a girar e vários pontos de pequenas luzes se colocaram no céu. Iam surgindo contas de um imenso terço que preenchia todo o espaço celestial diante dos nossos olhos. Meu rosto se iluminou quando uma forte luz veio na minha direção e se mostrou para mim como o Anjo de Portugal. Minhas companheiras viam a luz azul, mas não podiam ver em seu interior como eu conseguia enxergar. O enorme anjo de luz veio em minha direção com um cálice nas mãos e, sobre este, uma hóstia branca, mais brilhante ainda que toda luz que emanava do Anjo de Portugal.

Eu não podia perceber se havia outras pessoas se aproximando do nosso grupo de mulheres e nem se podiam ver e sentir o que estávamos contemplando. Tenho que revelar que não tive sequer essa preocupação, apesar de ser bem reservada quando se tratam dessas realidades místicas. Por esse motivo, custa-me tanto a escrita desta obra em que, por obediência ao desejo da Mãe, torno público o que foi tão íntimo e secreto.

Fiquei sem saber quanto tempo permanecemos ali, extasiadas por termos experimentado coletivamente as mesmas manifestações divinas, com exceção do Anjo do Portugal, que somente eu pude ver.

Eis que a Mãe, conhecedora de suas filhas tão incrédulas e pequenas, nos dirigiu com voz terna e amável estas palavras, das quais não me esquecerei jamais:

Não são vossos olhos a vos enganar, não são vossos sentidos a promover sensações. Creiam na minha presença! Acompanha vocês também nesta via sacra o Anjo de Portugal. Ele abre, com honras para vocês, o caminho dos pastorinhos. Hoje, vocês são para mim Lúcia, Francisco e Jacinta. Hoje, são a minhas crianças que eu levo a passear no bosque, sem nada de mal, somente com a presença amorosa do céu. O céu é assim, filhas: é paz, amor, luz e vida. Este sol, que toca vocês, é de cura, por isso, tirem vossas luvas, estendam as mãos e recebam o toque da graça. Aqueçam-se no meu amor!

CASA DO TRIUNFO

Demoramos ali por mais um tempo, até seguirmos para a quarta estação. Cantamos e agradecemos o dia em que o milagre do sol se renovou para nós, como se fôssemos os pastorinhos. Quanta abundância de graça! Quanta plenitude de amor! Como poderei retribuir à imensidão desse amor que me constrange, pois me ama além das medidas do meu pobre e finito amor de filha?

Recuperadas, seguimos e meditamos com muito amor a Paixão de Nosso Senhor em cada estação da Via Sacra. A Mãe ainda nos fez alguns alertas e nos deu instruções sobre como nosso pecado ofende e maltrata seu Filho e que, só de pecar, deveríamos ter medo nesta vida. Nada mais deveria nos amedrontar!

Fomos subindo, subindo, subindo e, durante o trajeto, acho que entre a nona e a décima estação (peço desculpas ao leitor por não me lembrar exatamente), um senhor de olhos claros e cabelos bem grisalhos, parou diante de mim e, com forte sotaque português, me olhou dentro dos olhos e disse: "A senhora estava lá embaixo e eu sei que a senhora estava vendo o anjo e no sol a Virgem. Eu sei que eles estavam lá enquanto vocês rezavam. Eu não vi, mas pude sentir! Não tenha dúvida, eu sei que é verdade. Eu não vejo nada, mas sei que é verdade!".

Atônita, sorri e concordei com leve aceno de cabeça e ele se despediu, dizendo: "Prazer, eu me chamo Francisco!".

No caminho de um peregrino, Deus sempre revela seu cuidado, logo, se havia alguma dúvida do que vivemos há alguns instantes, ali tudo culminou.

Era lindo perceber que pessoas do mundo inteiro se dirigem a Fátima para esse encontro com a Mãe Maria. Acredito que não existam muitos lugares no mundo com a força espiritual de Valinhos. Aquele bosque é habitado por anjos, com toda a certeza!

CASA DO TRIUNFO

Encerramos a via sacra debaixo de uma oliveira e paramos ali um pouco para descansar e agradecer a subida e experiências que tivemos. Dali, ainda fomos para a Loca do Cabeço.

Na Loca do Cabeço, tivemos, sim, a experiência mais íntima da nossa peregrinação. Parecia que éramos de fato como os pastorinhos naquele encontro com a Anjo de Portugal. O chão era frio e úmido, com uma terra um tanto molhada e com alguns musgos verdes, pedrinhas e folhas. Naquele local úmido, a Mãe pediu que nos puséssemos de joelhos. Não chegou ninguém, enquanto lá estávamos em intimidade com nossa Mãe do Céu. Ela pediu que eu abraçasse e falasse ao ouvido de cada uma das minhas companheiras de peregrinação algumas palavras. Para umas, palavras de ordem, para outras, de consolo, para outras, ainda, de alerta. Conversa íntima mesmo, de Mãe para filha. Não me lembro agora ao redigir esta obra; contudo, ainda que me lembrasse, não poderia lhe revelar, querido leitor, o teor dos recados dados ao pé do ouvido. Atrevo-me somente a revelar uma frase que a Virgem disse para a Rosangela, a amiga que quase não conseguiu embarcar para Portugal: "Filha, você entra e sai de onde eu quiser, não se preocupe!".

Nos próximos capítulos, caro leitor, você poderá compreender o significado real dessa afirmação amorosa de Nossa Senhora.

Depois dos recados particulares, a Virgem pediu a todas que olhassem na direção de uma árvore e, no alto desta, revelou-se a todas nós. A mim, como costumava fazer nas aparições em Itaperuna, e para as outras, Ela se mostrou através de luzes rosas, brancas e amarelas. A Senhora trajava um vestido branco com flores rosas e amarelas ornadas nas bordas. Sorria com a luminosidade do sol e nos encheu com seu amor de Mãe.

CASA DO TRIUNFO

Minhas palavras, tão pobres e pequenas, não conseguiram relatar, neste capítulo, a grandeza e a profundidade da mística de Valinhos. Essa experiência nos marcou tanto que, ainda hoje, passado quase um ano, podemos dizer, sem exceção, que somos mulheres transformadas na vida espiritual pelo que vivemos no Bosque de Valinhos.

Da Loca do Cabeço, descemos para Aljustrel, lugarejo onde viveram os pastores.

Capítulo 17
ALJUSTREL – A CASA DOS PASTORINHOS

*"Obedecer é uma grande virtude.
Quem obedece ganha o céu!"*

Essa parte destacada da mensagem que a Mãe nos revelou na Loca do Cabeço, antes de nossa descida para Aljustrel, fez todo sentido quando chegamos ao vilarejo que acolheu os abençoados pastorinhos: Francisco, Jacinta e Lúcia. O lugarejo é um cenário pitoresco para uma visita turística à casa onde viveram os miúdos, com o pequeno e modesto comércio que se alojou ao entorno dessas casinhas e com gente calma a transitar pelas ruas. No entanto, ao chegar em Aljustrel, entendi que a Mãe queria me ensinar sobre escolhas, decisões momentâneas e eternas.

Meus olhos, sempre curiosos, pousavam em cada cômodo da modesta casa dos irmãos Jacinta e Francisco. Os móveis conservados, as camas forradas evidenciavam a dureza da vida que levavam. A caminha de Jacinta, tão pequena, quase dentro da cozinha e cercada por uma espécie de cortina, cuja função era servir de parede

CASA DO TRIUNFO

entre o quarto da menina e o restante da casa. Chamar aquele cantinho de quarto é um exagero, porém era o que indicava a plaquinha afixada, para revelar aos visitantes o modo de vida daquela família.

Entrando naquela casa, senti afeto e desejei que as paredes da minha casa também fossem impregnadas pela atmosfera de amor que o tempo não consegue apagar. O amor deixa rastro, porque não se apaga. E a vivência do amor em meio às dores e durezas ali vividas foi, com toda a certeza, a maior riqueza daquela família.

Naqueles instantes, enquanto visitávamos os cômodos da casa, entendi o que significou o triunfo de Maria na vida de Francisco e Jacinta e pude dar sentido mais pleno e profundo ao que ouvi da Mãe de Deus na Loca do Cabeço. Ela nos falou assim:

> *"Em todas as situações, coloquem a oração em primeiro lugar. Lembro a vocês que o triunfo pode ser momentâneo ou eterno. A escolha é de quem? São vocês que escolhem. Se escolhem um triunfo hoje, será apenas 'HOJE', mas se escolhem um triunfo para sempre, 'AD AETERNUM" será! Triunfo quando amam. Triunfo quando obedecem. Triunfo quando se sacrificam. Triunfo quando morrem para vossas vontades e amam o meu Jesus mais do que a vocês mesmas. Triunfo quando perdoam! Triunfo quando oram!"*

No interior da casa dos pequeninos pastores, eu entendi que aquelas crianças escolheram o triunfo eterno. Escolheram o céu, o amor!

A peregrinação, até ali, serviu para que a Mãe me mostrasse que o céu é promessa garantida na cruz, porém só se alcança essa glória com a vivência do amor, que pode ser traduzido de diferentes

CASA DO TRIUNFO

maneiras durante nossa existência terrena. Francisco e Jacinta escolheram amar na obediência e no sacrifício. O triunfo dessas crianças não foi momentâneo, foi uma escolha de eternidade.

Muitas vezes, não compreendemos como o coração de Maria pode triunfar, mas a Mãe do Céu não deixou dúvidas em nossos corações, assim como não deixará no do leitor que se valer dessa escrita para compreender que há caminhos a percorrer, e sempre haverá escolhas a se fazer. O Amor já nos escolheu, agora somos nós que devemos corresponder a essa escolha.

Saindo da casa dos irmãos Jacinta e Francisco, fomos para a casa de Lúcia, que não estava aberta para as visitas no momento em que por lá passamos. No entanto, ao redor da casa, podia-se caminhar e ver as ovelhinhas, sentir o cheiro delas, observar seu comportamento e tentar usar a razão para a compreensão do motivo de Nosso Senhor nos comparar às ovelhas. Parada diante do cercadinho das ovelhas da família de Lúcia, percebi minha fragilidade de ovelha. Percebi que sou lenta, barulhenta, preciso de proteção, como o pelo da ovelha; aproximo-me com facilidade de perigos; até um pequeno, baixo e frágil cercadinho é capaz de me prender. Realmente, precisamos do Bom Pastor!

Do lugar das ovelhas e com meus ruidosos pensamentos, fui caminhando na direção do poço onde o Anjo da Paz apareceu para Lúcia e, por vezes, o local onde a pequena Lúcia, a mais velha dos pastorinhos, foi consolada por seus priminhos menores. Ir ao poço, significa ir em busca da água, fonte da vida.

Detive-me ao lado do poço e me lembrei de quantas vezes também fui consolada por pessoas próximas, que me amaram na secura da vida, que não julgaram a minha fragilidade e secaram minhas lágrimas com gestos de amor e acolhimento. Na beira do poço do quintal da casa de Lúcia, chorei com ela as dores da incompreensão dos que nos rodeiam. O poço significa a profundidade da nossa intimidade. O poço é o lugar do encontro. Quando a família de Lúcia não a compreendeu, a Mãe enviou um anjo ao poço para consolar a filha amada.

Na vida do peregrino serão necessárias paradas no poço, para sermos consolados, saciados de nossas mais diversas sedes e seguirmos adiante. Exatamente naquele lugar, que marcou a vida de Lúcia, eu também senti minha vida marcada pelas palavras da Virgem, que continuava a nos ensinar sobre o significado de "triunfo":

"Triunfo quando perdoam. Triunfo quando oram. Triunfo quando se encontram. Triunfo quando ensinam a seus filhos o caminho a seguir. Triunfo quando acordam na madrugada e rezam, não por obrigação, mas quando fazem por amor. Triunfo quando aceitam as provações. Triunfo quando superam vossos medos. Triunfo quando deixam ser guiadas por Mim."

A tarde vinha chegando e nem fome sentíamos, tamanha a graça que estávamos vivendo naquele lugarzinho tão simples. Já na saída da casa da Lúcia, percebi que a sobrinha da vidente, Dona Maria dos Anjos que, na oportunidade dessa visita, tinha 99 anos, estava na varanda cercada por uma vidraça. Bati no vidro e perguntei se poderíamos entrar, ao que ela consentiu.

Entramos e nos deparamos com uma senhora lúcida, de terço nas mãos e que nos recebeu com uma bênção amorosa. Ela nos contou um pouco da história de Lúcia, da sua relação com a tia e fez questão de dizer que, por causa da sua idade avançada e sem forças para o trabalho, passava seus dias a rezar terços e mais terços, pelo Papa, pela conversão dos pecadores e por todos os peregrinos. Qual não foi nossa surpresa quando ela nos estendeu o terço que rezava e nos mostrou que nele tinha a medalha de Nossa Senhora Aparecida, padroeira do Brasil! Que alegria! Que festa compreender que o amor materno é universal e que a "Aparecida" aqui também nos apareceu em Portugal!

A casa de Lúcia estava fechada e não pudemos perceber o amor impregnado nas coisas da vida da pastorinha, mas pudemos senti-lo, ainda mais efusivamente, nos olhos claros de Dona Maria dos Anjos, no beijo doce que ela me deu e na alegria com que recebeu de presente a Capelinha da Mãe do Infinito Amor.

Era preciso nos apressar para voltar ao hotel, a fim de nos prepararmos para a participação da Santa Missa e ainda era necessário comer um lanchinho, uma vez que a hora do almoço já havia ficado para trás.

No retorno para o hotel, conseguimos que a maquinista do trenzinho nos levasse para uma visita relâmpago à igreja onde os videntes da Virgem de Fátima foram batizados. Assim, concluímos as visitas desse dia pleno de graça, na certeza de que é preciso escolher o triunfo eterno e não o momentâneo. Afinal, a Mãe do Céu terminou sua fala no alto da Loca do Cabeço advertindo-nos:

"O céu é frescor!
O inferno é dor!
Não se deixem enganar e escolham bem!"

Capítulo 18
VOLTANDO PARA CASA

"Sou agradecida porque me ouviram.
Sou agradecida porque me amam.
Peço que sempre me obedeçam."

Acordamos bem cedinho e fizemos todos os agitados preparativos e arrumações para a viagem. Dia de voltar para casa. Um misto de felicidade por poder, em breve, partilhar com a família todas as maravilhas vividas, mas, ao mesmo tempo, uma certa melancolia em deixar a Casa do Triunfo. O desejo de montar tendas, como o que invadiu São Pedro no monte Tabor, foi profuso e legítimo. Onde tem um pedacinho do Céu na Terra é onde queremos estar. No entanto, era preciso regressar. Voltar para nossa casa, fazer dela uma porção pequena de Céu era nossa missão. Tornar a nossa casa em Casa do Triunfo devia ser o nosso objetivo, e a Mãe nos havia ensinado o caminho a seguir.

O café da manhã foi mais rápido, pois no caminho de volta para Lisboa, onde tínhamos embarque marcado para as 23 horas, faríamos uma parada.

CASA DO TRIUNFO

Nosso motorista e guia, Sr. Fernando, tinha agendado, a nosso pedido, uma visita à Igreja de Santarém. Nesta cidade aconteceu um milagre eucarístico, considerado pela Igreja Católica como o segundo maior milagre eucarístico do mundo, tendo o de Lanciano como o primeiro.

Apesar da magnitude do milagre eucarístico, no qual a hóstia se tornou carne e sangue, poucas pessoas conhecem esse milagre e não sabem que teriam a grande oportunidade de, visitando a Mãe de Jesus em Fátima, encontrar também o próprio Senhor Jesus em Santarém.

Malas e bagagens arrumadas e estávamos prontas para partir. O Sr. Fernando, tão pontual e inquieto, arrumou tudo no carro enquanto terminávamos o café. O pobre homem arrumou a bagagem de sete mulheres praticamente sozinho e debaixo de chuva. Como era de se esperar, o português de meia idade estava a bufar quando embarcamos para seguir em direção a Santarém. Contudo, já conhecíamos uma arma infalível para acalmar os ânimos do nosso condutor nas idas e vindas entre Lisboa e Fátima. Começamos a acolher seu cansaço e agradecemos em oração. Da Mãe, aprendemos a valiosa lição de que rezar e louvar cabe em toda circunstância e lugar. Ao chegarmos a Santarém, ele já estava mais calmo.

A distância em linha reta entre Fátima e Santarém é de, aproximadamente, 40 quilômetros, no entanto, a distância de condução torna-se um pouco maior, algo em torno de 60 quilômetros.

Tomo aqui a licença da escrita, capturando um recorte no tempo cronológico em que aconteceram os fatos, para trazer a esse contexto de viagem, uma pausa para contar-lhe, caro leitor, um fato intrigante e maravilhoso que nos aconteceu na noite anterior, quando, ao sairmos da Santa Missa, precisávamos de um táxi para ir ao restaurante e comemorarmos o aniversário de nossa amiga Fernanda. Lembro-me de que o entorno do Santuário estava deserto e não se achava nenhum táxi no ponto. Ao me virar para uma placa afixada perto de uma das entradas do Santuário, percebi que tinha o número de um taxista. Não perdi tempo e liguei. A voz que me atendeu era calma e gentil e disse que não havia dois carros de táxi, como eu necessitava, porém ele mesmo faria as duas viagens até o restaurante desejado. Como não havia alternativa, aceitamos a condição não tão ideal.

Poucos minutos se passaram, um carro preto estacionou e o motorista nos perguntou se tínhamos feito o chamado de táxi. Consentimos e uma turma partiu primeiro, éramos em quatro na primeira viagem e três ficaram para a segunda. No caminho, uma chuvinha caiu enquanto estávamos dentro do carro, mas ao chegarmos na frente do restaurante, a chuva cessou. Mesmo assim, o gentil taxista abriu a porta e, com um enorme guarda-chuva em mãos, nos levou até a entrada do restaurante, tratando ainda de recomendar ao maître que fôssemos muito bem atendidas. Deixou conosco acertado que nos buscaria e nos levaria ao hotel ao final do jantar.

Contei tudo isso para compartilhar com você a nossa surpresa, quando no caminho de volta para o hotel, depois do jantar comemorativo, ele nos disse que tinha sido chefe da guarda papal em Fátima, que seu treinamento foi em Roma e que já tinha estado junto a alguns papas, entre eles o meu amado João Paulo II. Não é mesmo de se maravilhar quando a Mãe prepara para nós mais essa surpresa? Como filhas da Rainha, fomos conduzidas por uma guarda papal que servira ao Santuário de Fátima por muitos anos e que, por causa de um tumor no seio da esposa, teve que se afastar das funções para acompanhar o tratamento da amada. Falou com tanto carinho de Nossa Senhora e nos contou ainda sobre a gratidão por Sua intercessão materna no tratamento da esposa.

Deixando de lado essa partilha, que diz mais para mim do que para você, estimado leitor, volto a contar sobre nossa visita a Santarém.

Paramos em frente à igreja e descemos para encontrarmos o casal guardião do ostensório e da igreja que abriga o milagre eucarístico. A igreja é simples e antiga e o ostensório fica na parte superior, blindado e fechado, sendo aberto somente para visitas agendadas previamente. Nossa gratidão ao Sr. Fernando, que nos conseguiu essa dádiva.

O senhor que guarda o milagre com tanto amor, já nos teria feito valer a pena a visita. Estar com quem ama a Jesus é muito bom e nos enche de paz e luz, contudo não há emoção semelhante a de estar diante do Corpo do Senhor, Seu Sangue e Sua Carne. Para que se veja mais de perto o Milagre Eucarístico, é preciso subir uma escadinha e se inclinar um pouco na direção do vidro blindado. Que força emana do Corpo do Senhor!

Passamos ali alguns preciosos minutos para que cada uma tivesse a oportunidade de subir a escadinha e se declarar ao Senhor. Ouvimos a história de santos que visitaram esta igreja, entre eles São João Paulo II e muitos papas, pois o milagre aconteceu no século XIII, em 1247. E o sangue ainda é vivo e se expande ou retrai, dependendo da temperatura do ambiente. Uma declaração de amor para nós! O sangue dEle é vivo no meio de nós em cada eucaristia! Adoremos!

Ao sairmos da Igreja, Sr. Fernando já estava de prontidão a nos aguardar! Dali, fomos na direção de Lisboa, onde passaríamos o dia a conhecer alguns principais pontos turísticos e degustaríamos o tão famoso pastel de Belém, em sua fábrica original. Por um breve período deixaríamos de ser peregrinas, tornando-nos apenas turistas em Lisboa.

Capítulo 19
POR FIM, MEU IMACULADO CORAÇÃO TRIUNFARÁ

> "Sou Mãe e, por isso, a cada vez que vocês caem, ainda que não possa levantá-las imediatamente, estou a olhá-las amorosamente!"

O percurso até Lisboa foi permeado por nossa emoção de contemplar o Milagre Eucarístico em Santarém. Além das malas, trazíamos na bagagem interior a lembrança viva de experiências místicas tão profundas e intensas que, vividas coletivamente, provocaram transformações das mais diversas na singularidade de cada uma de nós. Nosso semblante era plena luz. Estar perto de Deus, por meio das poderosas ações de cuidado da Virgem Santíssima, tornou nossa peregrinação de apenas três dias em momentos que valem para toda a eternidade. De fato, ao que é fiel no pouco, Deus confia muito mais. Nós somos testemunhas dessa afirmação bíblica, somos prova de que a Palavra de Deus é viva e eficaz.

CASA DO TRIUNFO

Ao chegarmos em Lisboa, começamos a sentir a atmosfera mudar, estávamos deixando de ser peregrinas para nos tornarmos turistas, com olhos admirados diante das novidades e com desejos de comprar presentinhos e de conhecer os famosos pontos turísticos da capital portuguesa. Não há nenhum malefício em se divertir um pouco, em nos ocuparmos com as delícias que o dia nos prometia. Afinal, ainda era antes do meio dia e tínhamos toda a tarde para turistar, uma vez que nossa chegada ao aeroporto, para os procedimentos de embarque, estava prevista para 19 horas, com voo às 23 horas, horário de Portugal.

Nosso motorista e guia, Sr. Fernando, parou o automóvel e fez conosco os combinados para aquele momento. Ele nos deixou nos arredores do Mosteiro dos Jerônimos para visitarmos alguns pontos importantes, almoçarmos e nos encontrarmos, mais tarde, a fim de seguirmos para outros lugares. Todo o percurso em Belém seria feito a pé para aproveitarmos bem e, ele, o motorista, ficaria de guarda no automóvel para proteção de nossas bagagens. Além do roteiro que devíamos fazer para melhor proveito do tempo, o Sr. Fernando nos fez claras recomendações sobre o cuidado que devíamos ter com as mochilas, bolsas de compras e pertences pessoais. O bairro de Belém, em Lisboa, é ponto forte para os turistas, o que atrai também as pessoas que praticam atos como assaltos e furtos. Ouvimos com atenção, porém loucas para desembarcar e conhecer o lugar com suas atrações culturais e gastronômicas, como o famoso pastel de Belém. Desse modo, descemos do carro, uma espécie de van, e fomos na direção dos melhores restaurantes, com a indicação do nosso guia. Passamos por algumas lojinhas, fizemos comprinhas para agradar aos filhos e marcamos logo nosso horário

CASA DO TRIUNFO

para o almoço em um pitoresco restaurante, localizado ao lado da esquadra de Belém, uma espécie de delegacia policial. Procuramos nos apressar na hora do almoço, para termos mais tempo para os passeios turísticos. Depois da refeição, entramos na enorme e agitada fila para comprar o famoso pastelzinho de Belém. Ali, nos lembramos de proteger nossas mochilas e termos bastante cuidado no manuseio do dinheiro. Pausa para a comilança no meio da calçada mesmo, pose para fotos e seguimos o roteiro, passando pelo Mosteiro dos Jerônimos e atravessando uma imensa e belíssima praça na direção do Memorial dos Descobrimentos. Mais poses, sorrisos, *selfies* e fotos. Começamos a relaxar e esquecemos das recomendações que nos foram dadas sobre os perigos do lugar.

Para que pudéssemos acessar a praça do Memorial dos Descobrimentos, precisamos passar por uma espécie de túnel, uma galeria abaixo do nível da rua, onde as pessoas ficavam bem próximas. Na saída dessa galeria havia uma escada e, ao subirmos, a Aline lembrou dos cuidados de vigilância, advertindo-nos para colocarmos as mochilas para frente e junto ao corpo. Foi nesse instante que percebemos que a mochila da Rosangela havia sido aberta. Ao olhar dentro da mochila que tinha o zíper completamente aberto, nossa amiga, pálida, disse: "Levaram todos os meus documentos e todo o meu dinheiro".

O tempo fechou, literalmente. Uma nuvem negra se colocou acima de nós e a chuva começou a cair. Rosangela se sentou no meio da praça, no chão e ali já tínhamos percebido a encrenca que seria para sairmos de Portugal. Luiza, partiu a galope no caminho de volta, tentando achar a carteira, sem o dinheiro, mas pelo menos com o passaporte, jogada em algum canto ou lixeira. Eu tentei correr atrás dela, mas minhas pernas falharam na entrada da galeria e tive que parar e respirar para que não desmaiasse. A partir desse momento, as horas começaram a correr bem rápido, essa era nossa percepção.

Assim que a Rosangela conseguiu se levantar e se recompor um pouco, começamos a voltar pelo caminho percorrido e fizemos contato com o Sr. Fernando, comunicando sobre o furto e que estávamos indo até a esquadra (delegacia) para tentar o registro da ocorrência e vermos o que poderíamos fazer em relação ao passaporte, pois sendo domingo, o consulado não emite documentos de autorização para viagem.

Quando chegamos à esquadra, percebemos que Luiza já estava bastante nervosa, pois os policiais não demonstravam interesse algum em nos ajudar.

Saindo dali, novamente fizemos contato com o Sr. Fernando que nos esperava em um estacionamento próximo. Todas nós estávamos atônitas e, por recomendação dos policiais da esquadra de Belém, pensamos em ir até a polícia do aeroporto para ver como podíamos resolver a situação tão dramática. A única pessoa que nunca tinha viajado para longe, e jamais para fora do país, a mais dependente de nossos cuidados e direcionamentos, não poderia ficar em Portugal para o embarque no outro dia, sozinha.

Será que a companhia aérea iria remarcar nossas passagens? Onde passaríamos a noite? No aeroporto? Como pagaríamos novas passagens, se não fosse possível remarcar? Todos esses questionamentos passavam em nossas cabeças e eram assuntos de nossas conversas, bem baixinho, para não apavorar ainda mais nossa amiga que tinha sofrido o furto. Sim, ao deixar de nos percebermos como peregrinas, nos tornamos imprudentes e não fomos vigilantes. Em nossas jornadas, é preciso orar e vigiar, sem jamais deixar de fazer.

Enquanto tentávamos colocar a cabeça no lugar, algumas amigas fizeram contato com os maridos, no Brasil, e pediram ajuda para direcionarmos nossas ações. Os terços não saíam de nossas mãos. Era a arma que tínhamos para lutar.

Conseguimos um contato com a seguradora para saber se podia nos ajudar, mas apenas nos disse que tínhamos que procurar uma esquadra policial e tentar o contato com o consulado que, provavelmente, estaria fechado para emissão de autorização para a viagem, funcionando somente com plantão.

A providência divina trabalhou e conseguimos um contato com a funcionária do consulado que estava de plantão naquele domingo, mas a primeira ligação foi desastrosa e sem esperança para nós. Luiza, com imensa sabedoria e muita habilidade com as palavras, tentava convencer a oficial de plantão sobre nossas necessidades urgentes. Com muito custo e por muita insistência, a plantonista disse que deveríamos voltar para a esquadra de Belém e pedir um boletim de ocorrência, sem o qual nada poderia ser feito, e depois de conseguirmos, deveríamos retornar-lhe a ligação, para que ela pudesse ver o que poderia fazer, porém não garantia a nossa viagem naquele domingo.

Louvei a Deus por ter comprado um *chip* internacional, pois sem ele não conseguiríamos fazer as inúmeras ligações que fizemos naquele tempo. Já estávamos a caminho de uma esquadra para turistas em outro bairro, quando a instrução da referida funcionária nos fez retornar para Belém. No meio do caminho, como um lampejo divino, veio à minha mente a lembrança da frase de Nossa Senhora para Rosangela na Loca do Cabeço: "Minha filha, você entra e sai de onde eu quiser".

CASA DO TRIUNFO

Nesse momento, chorei alto, abracei a Daniela, que estava do meu lado, e contei para ela sobre a frase dita por nossa Mãe. Nós nos abraçamos e choramos muito e nasceu em nós a esperança. Depois consegui contar para todas sobre o que a Mãe havia dito e isso nos deu um certo ânimo, mas a situação era tão adversa e nós ainda, tão incrédulas, que não conseguíamos nos acalmar completamente.

Ao retornarmos para a esquadra de Belém, fomos muito humilhadas pelos policiais de plantão, que insinuavam que éramos mulheres sem escrúpulos e que, viajando sozinhas, vindas do Brasil, não seríamos outra coisa senão mulheres em busca de aventuras sexuais. Eles riam de nós, riam dos terços que trazíamos nas mãos, e tentavam, a todo momento, nos fazer desistir do boletim de ocorrência.

Sentada dentro da esquadra de Belém, pude sentir o que Maria e José sentiram ao procurar lugar para o nascimento de seu filho, Jesus, em uma outra Belém, que se comportara, com relação a eles, de forma tão ultrajante como nós estávamos sendo tratadas.

Horas se passaram e nós ali, suportando toda a humilhação e deboche, sem murmurar, sem reclamar, oferecendo tudo por amor a Jesus e firmando, a cada instante, nossos pensamentos na promessa de Maria no alto do Bosque de Valinhos. Ela não nos mentiria! Se os homens julgam a aparência e a circunstância, o céu não age desta mesma forma.

Mais ligações para o Consulado, nas quais a funcionária referenciada, para descartar a nossa insistência, fez mais uma exigência. Seria necessário, pelo menos, um documento com foto da Rosangela, para que ela pensasse em ir ao consulado e nos ajudar com essa autorização, em pleno domingo. Talvez ela se lembrasse de que em nosso primeiro contato, Luiza tivesse dito que o furto tinha sido de todos os documentos, sem mencionar que a Rosangela tinha na mala a cópia do passaporte autenticado e a certidão de casamento original. Não seria o suficiente, conforme alegação da nossa protagonista. Nesse momento, meu anjo soprou ao meu ouvido que eu tinha as fotos de todos os documentos da Rosangela em meu celular. Em virtude da impossibilidade do embarque por divergência de nome, eu pedi a ela que me enviasse pelo WhatsApp, ainda em Itaperuna, foto legível de todos os seus documentos, e os enviei para agência de viagem. Encontrei as fotos na minha galeria e enviei para o Consulado, graças ao *chip* internacional que me permitia ter acesso à *Internet*. O problema no embarque para Portugal abriu possibilidades para solucionar as questões tão mais graves no nosso retorno para o Brasil. Assim, aprendi que de todo o mal, realmente, Deus tira um bem maior e o que, por ora é problema, pode se tornar em solução para outras questões no futuro.

Problema resolvido? Não! Tínhamos as fotos dos documentos, mas não havíamos conseguido que o delegado registrasse a ocorrência de furto.

A tarde ia terminando e com muita insistência da gigante Luiza, que não desistiu em nenhum momento, o delegado atendeu a Rosangela e começou a fazer o registro da ocorrência. Dentro da sala, conversas difíceis e mais humilhações, do lado de fora, nós rezávamos com confiança e pedíamos a ajuda da Mãe, o Seu triunfo naquela situação. Sendo assim, somente por volta das 18 horas, conseguimos o bendito boletim de ocorrência. Fizemos a ligação para a funcionária em apreço e anunciamos que tínhamos o boletim. Ela disse que não estava conseguindo emitir a autorização de viagem por problemas na impressora e falta de material, no entanto, na fé e com súplicas incessantes, fomos nos encaminhando para o consulado, a fim de encontrar a solução da questão e conseguirmos embarcar de volta para casa.

A chuva caía e complicava o trânsito. Estávamos exaustas por estarmos tanto tempo sem nos alimentar, sem beber água e ir ao banheiro. Sr. Fernando foi um anjo e nos tratou com todo carinho e gentileza, passando inclusive do horário combinado para estar à nossa disposição, o que fizemos questão de pagar como extra, sabendo que o que ele fez por nós não tinha preço, mas, sim, valor.

No caminho, ele comentou que seria difícil, com aquela chuva, conseguir um lugar para estacionar perto do consulado, todavia, para nossa alegria, havia uma vaga em frente ao consulado. Luiza e Rosangela desceram e a funcionária do consulado já estava a esperar, mas ainda sem conseguir imprimir a autorização da viagem, e a todo momento fazia questão de lhes dizer que nem ela mesma entendia o motivo de estar nos ajudando. Afirmou, em tom categórico e repreensivo, que em todo o tempo como funcionária do consulado, jamais havia deixado sua casa num domingo à noite, debaixo de chuva para dar uma autorização de viagem para quem quer fosse, ainda mais por furto, que é fruto da displicência do turista. As meninas tentavam falar palavras de gratidão e dizer que éramos devotas de Nossa Senhora de Fátima, para ver se aquela senhora se tornava menos áspera, contudo, sua natureza não se comovia, ela só estava fazendo uma coisa que não compreendia o motivo de estar fazendo. Tal atitude só nos fez ter ainda mais certeza de que tudo que estava sendo feito era por ordem de nossa Rainha, que comanda o Céu e a Terra em favor dos seus filhos.

CASA DO TRIUNFO

Enquanto as duas estavam dentro do consulado, o Sr. Fernando colocou a mão no bolso e, muito emocionado, olhou para nós e disse: "Tinha certeza que a senhoras iam conseguir este documento, pois olhem o que eu achei no chão, perto da van, quando as senhoras estavam na igreja de Santarém!".

Olhamos todas e choramos mais uma vez. Era uma dezena de terço com a imagem de Nossa Senhora Aparecida.

A porta da *van* se abriu e com um envelope prata nas mãos Luiza entrou e disse: "Conseguimos! A Mãe nos ajudou!".

Luiza chorou alto, parecia colocar para fora toda a tensão vivida durante o dia. Aquilo que parecia ser impossível para nós, se fez possível para a Mãe de Deus e nossa! O milagre aconteceu!

Já passava das 19 horas e nossa correria agora era para chegar ao aeroporto, despachar malas e tentar relaxar um pouco antes dos procedimentos para o embarque de volta ao Brasil. O Sr. Fernando muito generosamente se adiantou no caminho para o aeroporto e fez questão de nos acompanhar até o terminal da empresa aérea, pois o aeroporto de Lisboa é muito grande e poderíamos perder tempo até encontrar nosso destino.

Por conseguinte, depois de todos os percalços, estávamos seguras e prontas para retornar às nossas casas. Nosso coração estava avivado pelo milagre que tínhamos testemunhado. A Mãe abre portas no céu e pode, sim, abrir as portas do consulado em pleno domingo. O socorro que vem de Deus é sempre certo em nossas vidas.

Planejamos um dia de turismo, mas a Mãe quis para nós um dia de orações e súplicas, a fim de que não nos esquecêssemos de orar e vigiar para que o Seu Imaculado Coração possa triunfar em todos os dias de nossa vida.

CASA DO TRIUNFO

Para cumprir o desejo do coração da Mãe, nós entramos e saímos de Portugal como peregrinas do Infinito Amor. Assim desejamos continuar nossa caminhada.

Capítulo 20
PEREGRINAS DO INFINITO AMOR

"Vocês conseguiram chegar à Casa do Triunfo! Vocês subiram o calvário, vocês suportaram as dores até aqui. Isso consola meu coração de Mãe!"

Peregrinar não é tarefa fácil. Exige decisão, perseverança, força e fé. Nossa peregrinação até Fátima durou dez meses e, ao voltarmos para casa, descobrimos que a peregrinação até à Casa do Triunfo não tem fim, continua em todos os dias da nossa existência. Somos povo do caminho e nossa missão é peregrinar em meio às mais variadas situações do cotidiano, sejam estas favoráveis ou não.

Neste capítulo que encerra esta obra, escrita como minha primeira experiência com o mundo literário, desejo compartilhar as tantas maneiras com as quais a Virgem Santíssima triunfou nos corações das oito mulheres que foram por Ela convidadas para essa peregrinação sem fim.

Você, caro leitor, poderá ler, a seguir, breves testemunhos das peregrinas do Infinito Amor e, talvez, depois da leitura deste livro, possa também completar os testemunhos com a sua própria experiência, ao se tornar peregrino a partir desta obra escrita na obediência e no amor.

Testemunho de
Ana Paula Ladeira Carvalho Silveira

Em cada parte deste livro, deixei um pouco do meu testemunho sobre as transformações que pude experimentar na minha vida, emanadas da peregrinação ao Santuário de Fátima.

Sou Ana Paula, casada com Flávio há 26 anos, celebrados em 16 de julho de 2020, temos duas filhas – Camilla e Mariana. Nasci e fui criada em lar católico, com muito amor por Jesus e Maria Santíssima. Uma prática muito comum desde bem pequena era rezar três Ave Marias antes de dormir. Nessa proposição, vivi minha infância, adolescência, juventude e agora idade adulta. Sempre junto de Deus. Não experimentei revoltas ou afastamento da vivência da fé. Nos revezes da vida e no enfrentamento das enfermidades, sempre tão frequentes desde a minha infância, não me faltaram esperança e certeza da graça de Deus.

Em 1995, tive a dádiva de ser visitada por Nossa Senhora Mãe do Infinito Amor, que escolheu a Fazenda Boa Esperança, localizada na zona rural de Itaperuna para seu santuário.

Nessa missão, vivi muitas realidades de amor e dor, porém a mais dolorida é a realidade atual, em que as torneiras que permitem acesso à "água filtrada" no coração da Virgem Maria estão fechadas. Devido a isso, os Momentos Marianos lá realizados estão paralisados, restando-nos ainda a graça sem tamanho de termos a celebração da Santa Missa no quarto domingo do mês.

Vendo minha dor, no ano da celebração dos 25 anos da visita da Mãe do Infinito Amor a Itaperuna, Ela me convida a ir ao Santuário de Fátima e perceber a dura caminhada dos pastorinhos e o triunfo do seu Imaculado Coração.

Dessa maneira, minha vida foi sendo invadida por esse amor maternal muito intensamente no ano de 2019. Durante o período de preparação para a peregrinação, minha vida espiritual, que estava tão desértica, foi encontrando oásis em cada reunião na casa das minhas amigas peregrinas. Foi uma caminhada de descobertas e transformações. Assumi de forma mais fiel e sem pudores a revelação de experiências místicas vividas até aqui no mais profundo silêncio e intimidade.

A peregrinação à Casa do Triunfo devolveu-me a alegria, encharcou meu coração da água viva que me é dada pelo Espírito Santo, levou-me a um amor mais profundo pela paixão de Cristo e me fez compreender que minha devoção por Nossa Senhora não pode e nem deve ser vivida somente na intimidade. Preciso ser peregrina do Infinito Amor e, no tempo oportuno, tenho certeza de que o Coração de Maria também irá triunfar no Santuário Mariano Mãe do Infinito Amor. Os planos da minha Rainha hão de se cumprir aqui como se cumpriram em Fátima.

As cadeias de medo e dúvida que me prendiam, agora não mais me detêm. Minha alma escapou do laço da tristeza e foi se abrigar debaixo do Manto do Infinito Amor.

Testemunho de Aline Menezes

Nossa Senhora sempre foi presente em minha vida, desde muito pequena.

Lembro de que quando a Igreja Matriz de Nossa Senhora da Natividade passou por reformas, as imagens foram deixadas sob os cuidados de alguns paroquianos.

Meus avós paternos, João (Doca) e Genes, ficaram incumbidos de guardar uma imagem de Nossa Senhora das Graças que, à época, me parecia enorme. Essa imagem ficava em uma bancada e me lembro, até hoje, de ficar aos seus pés olhando lá de baixo para aqueles raios prateados saindo de suas mãos, com um globo sob os seus pés, pisando em uma serpente.

Natividade também foi visitada por Nossa Senhora, em 1967, e as idas ao Santuário eram frequentes na minha infância e adolescência. O retrato falado de uma Nossa Senhora com mais idade também nunca saiu da minha lembrança.

Bem mais tarde, quando eu morava em Niterói e vinha de ônibus para minha cidade, uma placa azul indicando a entrada do Santuário da Mãe do Infinito Amor sempre me chamou a atenção, e era recorrente o sentimento de querer um dia ir conhecer o lugar. Mas foi apenas em 2014 que fui movida a ir à missa que lá era celebrada todo 4º domingo do mês.

Começou aí a minha história de amor e devoção pela Mãe do Infinito Amor. Fui fisgada pelos Seus olhos misericordiosos que não se cansam de se volver para mim.

Em janeiro de 2019, fui surpreendida pelo convite para fazermos uma peregrinação ao Santuário de Fátima em Portugal, com mais sete amigas, o que nem em sonhos poderia imaginar ser capaz. A emoção com essa possibilidade encheu meu coração de alegria.

Em fevereiro, começamos a nossa preparação para o grande dia que seria em novembro. Começou aí a peregrinação. Nossos encontros mensais eram esperados com muito amor. Mês a mês fui ganhando uma intimidade com o Sagrado que, até então, não tinha experimentado e vivenciado de forma tão concreta.

No entanto, nem tudo nesse tempo foram momentos felizes. Teve medo, dor, tristeza, mas comecei a olhar para dentro de mim, percebendo o quanto ainda teria que caminhar para me tornar aquilo que Deus quer.

Nossa Senhora foi me mostrando pedagogicamente que o desejo de Céu deve ser diário. Exige oração, sacrifício, penitência e renúncia. Dia a dia, essa deve ser a via a ser percorrida.

Estou nesse caminho que nem sempre é fácil de seguir, mas, hoje, com mais entendimento e vontade de agradar à minha Mãe, que não olhou para os meus defeitos e imperfeições, apenas me chamou para seguir a trilha de amor que leva a seu filho Jesus.

Testemunho de Alcione

Desde muito tempo, eu tinha o sonho de ir à Fátima e esperava que isso acontecesse junto com minha família.

Não sou de Itaperuna, mas vim morar aqui e, por causa disso, conheci a devoção à Mãe do Infinito Amor. Conheci também a Ana Paula e essa amizade me deu a oportunidade de ser convidada para ir até a Casa do Triunfo e lá viver maravilhas. Não pude realizar o meu sonho de ir com a família, porém realizei o sonho de Nossa Senhora para minha vida. Por isso, vivi em Fátima os melhores dias da minha vida.

Depois da peregrinação com as Luluzinhas, aprendi que a Mãe me ama e cuida de mim. Aprendi que devo pedir sua intercessão todos os dias da vida.

O amor de Nossa Senhora por mim é algo sem explicação e eu percebo isso no meu dia a dia. Quero sempre ser obediente a Ela para que um dia eu consiga chegar à glória do Céu.

Testemunho de
Daniela De Oliveira Ximenes Lima

> "Diz a toda gente que Deus
> nos concede as graças por meio
> do Coração Imaculado de Maria."
> (Santa Jacinta Marto)

Vou descrever nestas linhas seguintes o que foi peregrinar até o Santuário de Fátima no ano de 2019. Nossa peregrinação começou no dia 29/01/2019, quando minha amiga e comadre, Ana Paula, me convidou para que, juntas com outras amigas, fôssemos ao Santuário de Fátima em novembro de 2019. A partir desse dia, minha vida começou a ter um novo sentido. Não sei nem mesmo como me expressar diante de tamanha experiência de AMOR! Minha vida tem um antes e um depois de 2019. A partir do convite, comecei a entregar o desejo de ir a essa peregrinação e todas as dificuldades que afligiam meu coração para que essa viagem fosse possível. Foi aí que comecei a compreender exatamente o que Santa Jacinta Marto diz na epígrafe com a qual comecei meu relato: Deus nos concede as graças por meio do Coração Imaculado de Maria! Bendito seja Deus que escolheu o melhor e mais generoso coração do mundo para nos agraciar com tamanhas bênçãos!

Nosso Senhor, por meio de Maria, começou a abrir todas as vias para que eu peregrinasse até Fátima. Quando digo todas as vias, são todas, mesmo: financeira, pessoal, espiritual, conjugal. E fui experimentando algo que não havia experimentado antes em minha vida. Um cuidado de mãe que age em todos os detalhes, que vai nos mostrando por qual caminho seguir, que vai abrindo todas as vias, as portas para que a sua vontade aconteça em nossa vida.

A cada encontro para rezarmos o terço, Nossa Senhora ia nos conduzindo, ajudando-nos em nossas causas pessoais e dando toda a direção a seguir, e nossos encontros de orações faziam toda a diferença. Então, ouso dizer que essa visita ao Santuário de Fátima foi um plano de amor de Deus para vivenciarmos o que é o amor verdadeiro, palpável e visível.

Pude vivenciar na peregrinação experiências únicas! É como se meus olhos se abrissem para situações que, até então, passavam despercebidas. Passei a entender que o que sempre procurei estava diante de mim há tanto tempo, que todo vazio que experimentamos em nossa vida terrena só pode ser preenchido pelo amor de Deus! E esse Amor se mostrou a mim! Veio de mansinho, sorrateiramente e foi invadindo áreas da minha vida que necessitam de cuidados, de atenção, que só o Amor verdadeiro pode preenchê-los. Com tudo isso acontecendo em minha vida, passei a ter mais intimidade com o Divino e tenho experimentado uma maturidade espiritual que muito tem me ajudado como pessoa, como esposa, como mãe e como filha. E tudo isso muito tem alegrado meu coração. Sei que ainda tenho muito a melhorar, mas consigo enxergar minhas fraquezas e tentar a cada dia batalhar para ser uma pessoa melhor.

Não sei se estou conseguindo passar neste relato o que vivenciei nessa peregrinação! O que gostaria que todos soubessem é que nós fomos gerados para sermos felizes e que a verdadeira felicidade nos invade quando entendemos que não precisamos de muito para sermos felizes. Se o amor de Deus nos invade, não há nada mais lindo do que viver desse amor! Declaro todos os dias que sou dependente desse amor.

Testemunho de
Fernanda Weler Dos Santos Aguiar

A nossa peregrinação a Fátima começou, tenho certeza, quando recebemos da Ana Paula o recado da Mãe que desejava nos levar à Sua casa, em Portugal. Fomos tomadas por muitos sentimentos. A emoção e a alegria do chamado se misturavam com a preocupação de saber como isso se daria. Contudo, mal sabíamos que a Mãe tinha propósitos para esse tempo de espera. Ela nos gestou. Foram nove meses de preparação e oração. Tudo foi sendo providenciado, e ela ia nos tecendo com Seu amor. Eu sou Fernanda, 42 anos completados em Portugal, casada com Gustavo e mãe de três filhos, Matheus, 17 anos, Laura, nove anos e Ana, três anos.

CASA DO TRIUNFO

Sempre fui católica praticante, sempre engajada no serviço a Deus por meio da música. Porém, descobri que isso era muito pouco perto do que a Mãe queria de mim. Já no período de preparação para a nossa ida, Nossa Senhora nos visitava. E a cada visita nos exortava, nos direcionava e nos amava. Ah, como nos amava! Com isso, já podia perceber a transformação do meu coração e o desejo de que o dia da nossa peregrinação se aproximasse. Chegando em Fátima, pude experimentar o extraordinário de Deus aqui na Terra. O tempo parou, o céu se abriu e vivemos uma experiência mística das mais lindas. Fomos recebidas com honras celestes, não por merecimento, mas, para que, diante dos impossíveis, reconhecêssemos que para Deus nada é impossível. Assim, Ela mesma nos disse. A devoção Mariana não se encerra em si mesma, ela sempre nos leva a Jesus. Esse é o desejo da Mãe: que amemos Seu filho de todo coração e com toda nossa alma. Por isso, no último dia de nossa viagem, fomos agraciadas com a visita ao Santuário do Milagre Eucarístico, em Santarém. Sempre tive um encantamento pelos milagres eucarísticos, apesar de nunca ter ouvido falar no de Santarém.

A experiência de contemplar com meus próprios olhos a hóstia do milagre e poder adorá-la, marcou profundamente a minha vida. Hoje, compreendo que quanto mais amo Maria, mais amo Jesus e quanto mais A conheço, mais desejo viver as Suas virtudes e buscar a santidade.

O tempo vai passando e minha peregrinação continua, não mais em Fátima, mas aqui, no ordinário da minha vida, pois quando fui ao encontro da Mãe na casa do Triunfo, não fui eu que a encontrei, mas fui encontrada por Ela. São Alberto Magno nos ensina que "antecipa-se Maria a quantos a Ela recorrem, para que A encontrem antes que A busquem". Impossível ser tocada, escolhida e não retribuir esse amor tão generoso. Não sou digna de tanto amor, por isso, desejo retribuir com uma vida reta, de oração e de entrega.

Tudo por amor à Mãe, que me amou primeiro e me permitiu viver, nas terras de Portugal, uma experiência de céu. Amo-te Mãe querida, Mãe da providência, cheia de graça, rainha dos anjos, mar de misericórdia infinita! Faz-me fiel e perseverante. Não poderia terminar este meu pequeno relato sem antes deixar registrado aqui o que já falei inúmeras, e não poucas vezes, à Nossa Senhora, sobre a gratidão que tenho em meu coração pela vida da Ana Paula. Sem o sim dela e sem a presença dela em minha vida, jamais teria vivido tudo isso. Ter a oportunidade de experimentar a mística de sua vida foi para mim um presente de amor. Muito obrigada, minha querida amiga-irmã, por todo bem que tem feito em meu favor. Te amo. Obrigada minhas amigas Luluzinhas, por me sustentarem nesse tempo. Seguiremos juntas, de mãos dadas, rumo ao céu.

Testemunho de Gioconda Armond Pires Gomes

Chamo-me Gioconda, faço parte de um grupo de amigas, o qual, com certeza, foi o céu quem nos uniu. Denominamos nosso grupo de "Luluzinhas"; somos mulheres muito diferentes, com personalidades únicas.

No mês de janeiro de 2019, fui convidada, juntamente com minhas outras amigas, a "Peregrinar a Fátima", aceitei de imediato, pois, no meu íntimo, já tinha a certeza de que daria qualquer jeito, mas não perderia essa oportunidade. Não consultei meu marido, nem minha filha, já estava decidido (assim era eu!), mesmo sabendo que teria o casamento da minha única filha nesse mesmo ano e que não teria condições financeiras para ir até o fim com essa ideia, pois já vinha atravessando uma realidade financeira muito comprometida, dívidas que precisavam ser pagas, mas a solução já estava certa em minha cabeça: era só pegar mais empréstimos, não pensei, não avaliei, aliás eu nunca tinha feito isso, agia pela impulsividade.

Encontrava-me encantada, entusiasmada, empolgada para viajar, conhecer um outro país, estar com minhas amigas. E, então, começam os nossos encontros de oração. Bobinha eu, mal sabia que a viagem se daria de fora para dentro.

Hoje, consigo enxergar que quando iniciei a minha peregrinação, já logo preparei uma mala repleta do meu egoísmo, das minhas mentiras, dos meus jeitinhos; uma mala muito pesada, difícil de carregar, porque escolhi carregar sozinha.

Aquilo, que me encantava e me interessava ao iniciar a peregrinação, tornou se tão pequeno diante do encanto que foi se revelando para minha vida! Em cada encontro, em cada "parada", foi se fazendo necessário me despir de mim mesma, daquilo que eram minhas verdades, que eram minhas certezas, minhas justificativas, enfim, daquilo que eu era antes de peregrinar.

E, assim, dá-se início à transformação, na qual as correções começam a me incomodar, a mudança começa a doer, sair da zona de conforto torna-se eminente e a decisão de desistir da viagem começa a ocupar o meu coração.

CASA DO TRIUNFO

Em cada encontro com a minha MÃE, VEJO SE REVELAR DIANTE DE MIM ALGO NOVO, QUE DÓI, QUE EXIGE DE MIM UMA DECISÃO, e eu queria esse novo, mas, para ter esse algo novo era necessário deixar a Gioconda velha morrer.

Este é o ponto alto da peregrinação para mim, quando a "parada" chega na minha casa. É reconhecer que tudo que era morte, toda dívida, toda mentira, todo jeitinho, precisa dar lugar à vida – e vida nova.

E, assim, Nossa Senhora me pega pela mão, revela-me toda treva em que eu me encontrava e posso dizer: não foi fácil esse momento, doeu muito, doeu reconhecer o que eu vinha fazendo a mim mesma, aos outros e a Deus, mas Mãe sabe o que é melhor para nós. Aqui, nesse ponto alto, encontro-me com uma Mãe com autoridade, uma Mãe certa de que a correção se fazia necessária, uma Mãe brava, sim, para não perder sua filha teimosa, desobediente.

Encontro-me com uma Mãe que chora por uma filha perdida, totalmente perdida, encontro-me com uma Mãe "leoa", lutando até o fim para salvar sua cria, sem desistir.

Portanto, nesse encontro que acontece em minha casa, vejo-me impactada por tanto amor, que chego a uma decisão difícil e dolorosa, a de baixar a minha guarda, de recuar, de aceitar toda correção: a decisão de mudar de vida!

A partir dessa decisão, eu recebo toda coragem, toda disposição, todo colo, toda luz para romper de vez com as trevas, tudo isso não se dá num passe de mágica, é apenas o começo de um grande caminho a se percorrer. Caminho esse em que fui "olhada" com Misericórdia pelo Céu, pelas minhas amigas de peregrinação e pela minha família.

Não merecia fazer parte dessa peregrinação, pela justiça dos homens, com certeza, não! Mas, deixo aqui o meu testemunho – para você que está desistindo, que se reconhece indigno, que, talvez, se esconda por medo, por vergonha –, ressaltando que "peregrinar" significa começar um caminho, uma preparação em que, possivelmente, em determinado momento, você seja assaltado, apanhe, fique machucado ao perceber que tudo aconteceu porque você escolheu o caminho mais fácil, o caminho errado e, então, pare de resistir, de insistir e se entregue. Justamente, nessa contingência, com certeza, chegará até você o colo, a ajuda, o consolo, o socorro.

Nesse momento, o caminho muda, a viagem toma outro significado. Foi isso que aconteceu comigo ao final dessa peregrinação. Vejo que ainda falta um bom pedaço para eu chegar no lugar prometido, mas as malas que carregava ficaram pelo caminho e, hoje, sinto-me mais leve, mais feliz, mais verdadeira.

Eu, Gioconda, sou aquela que não foi à "CASA DO TRIUNFO", mas posso afirmar: a "CASA DO TRIUNFO" veio até mim num ato de MISERICÓRDIA!

Testemunho de
Luiza De Moura Macedo Amil

Escrever o meu testemunho vivido no período da peregrinação à Casa do Triunfo não é tarefa fácil, já que reduzir em palavras sentimentos de cura, libertação, paz e Céu não será simples, mas tentarei o meu melhor para honra e Glória do Senhor, por meio desta obra escrita pela amada Ana Paula.

CASA DO TRIUNFO

Descrever a minha experiência nesse caminho, sem começar falando sobre a Ana Paula, seria impossível. Ela que foi a escolhida para nos conduzir, nos inspirar e, principalmente, anunciar a vontade de nossa Mãe em cada passo de nossa peregrinação. Ana Paula, que já era amiga, tornou-se uma amiga de fé, no sentido literal da expressão. Uma mulher como qualquer uma de nós, com defeitos, medos, dúvidas, com momentos de insatisfação, um ser humano com todas as falhas que a humanidade nos revela, porém uma mulher com um dom de escuta inexplicável, uma clareza nas palavras que a coerência não nos deixa argumentos. Uma generosidade ímpar quando se trata da partilha das inspirações recebidas do Céu. Tudo isso a torna especial e essencial para a manutenção das "Luluzinhas" no sentido da direção das práticas de fé, de oração, de obediência a Deus e, sobretudo, das práticas agradáveis ao coração de Nossa Senhora. Suas experiências místicas foram partilhadas conosco durante o período de preparação a caminho da Casa do Triunfo e isso nos fez fortes na fé, na determinação, no foco em nosso objetivo para aquele ano, para aquela proposta. A partir dessa amizade, tudo começou, tudo se realizou e tudo acontece, até hoje, nesse grupo de mulheres, amigas, parceiras, cúmplices.

Quando Ana Paula recebeu o chamado para a viagem a Fátima, nossas famílias estavam juntas em uma viagem de férias, entretanto, nada me foi revelado naqueles dias de descanso, já que a proposta não era individual, mas para o grupo no qual fui inserida pela Mãe. Ah, disso nunca esquecerei e jamais conseguirei expressar suficientemente a minha gratidão ao Céu e à Ana, portadora dessa boa nova em minha vida!

A peregrinação com esse grupo de amigas foi amor de Deus por mim. As partilhas, orações, profecias, sacrifícios, fizeram-me amadurecer na fé e nas práticas cristãs. Eu, que fui criada na igreja Católica, catequizada, tive o encontro pessoal com Jesus por meio da Renovação Carismática, ainda precisava de transformação pessoal e íntima, e foi o que aconteceu, verdadeiramente, durante a peregrinação a Fátima. Essa transformação não é um legado desse período, mas um exercício diário até que eu seja chamada ao Céu, onde é o meu lugar. Viver essa dimensão da fé é verdadeiramente um exercício de amor.

A devoção à Nossa Senhora sob o título de Mãe do Infinito Amor tem me sustentado e poderia relacionar vários milagres e bênçãos recebidas em minha vida, assim como em minha família, por meio da intercessão da Mãe do Infinito Amor. A partir dessa devoção de amor, vivi o caminho em preparação à peregrinação a Fátima. Nesse caminho, experimentei muitas transformações em minha vida e pude compreender que essa transformação não se encerra, ela é movimento, é constante. E com essa compreensão sigo vivendo na fé e no amor a Maria.

Nossa Senhora de Fátima, rogai por nós!

Nossa Senhora Mãe do Infinito Amor, rogai por nós!

Testemunho de
Rosangela Da Silva Periard Paiva

A Mãe triunfa nas minhas emoções e razões!

O convite para ir a Fátima foi um sonho e um grande desafio. Financeiramente falando, eu não tinha possibilidades de realizar esse sonho, esse chamado, porém quando a Mãe me convoca para

CASA DO TRIUNFO

essa peregrinação já existia a ação da providência divina. Conhecendo-me tão bem como a Mãe me conhece, já sabia que mudanças interiores teriam que acontecer. A principal mudança seria a quebra do orgulho de não aceitar ajuda. O outro desafio a ser superado era vencer o medo da vulnerabilidade, da exposição diante das minhas amigas, afinal eu nunca tinha feito uma viagem para tão longe.

Muito mais longe do que Portugal foi a viagem que tive que fazer para dentro de mim mesma. Deparei-me com minhas fraquezas, vaidades e misérias e percebi que a Mãe queria trabalhar tudo isso dentro de mim.

Sempre fui muito prática com sentimentos. Eu rezava, resolvia comigo mesma e ia à luta. Deus tinha outros planos para mim. Ele queria me mostrar que cuidava de mim de perto. Na verdade, o que vivi nessa peregrinação foi a percepção de um céu que se movimentou inteiro a meu favor. Foi incrível o agir de Deus em cada situação vivida.

Na ida, tive problemas no embarque e os sentimentos que experimentei foram de rejeição. A possibilidade de não embarcar e ter que voltar sozinha para casa foi horrível, mas aí eu me lembrava das palavras que a Mãe disse na minha casa: "Te encontro na Casa do Triunfo!". Só me restava me abandonar mais uma vez nas mãos dEla, como fiz durante todos os preparativos para a peregrinação. A minha experiência foi de viver de fé. Na fé, fui para Portugal e, na fé, consegui voltar.

Em Lisboa, quando fui furtada, senti-me saqueada, sem chão, sem nome, sem endereço, sem rumo numa terra distante. Sentia-me verdadeiramente "nua" diante de Deus. Eu não tinha mais nada. Na verdade, não conseguia acreditar que aquilo estava acontecendo comigo de novo. Foi tão difícil conseguir entrar naquele país e, agora, eu me via na impossibilidade de sair e voltar para casa. Confesso que me senti completamente envergonhada, humilhada. Todo o medo de não compreenderem o que me aconteceu e que eu precisava daquela autorização para voltar para casa, corroía-me por dentro, apertava-me a alma. Foram horas de lágrimas, dor e sofrimento, mas meus lábios não murmuraram e não me faltou fé para novamente acreditar nas palavras que a Mãe me disse na Loca do Cabeço: "Você entra e sai de onde eu quiser!".

Para muitos, uma boa viagem é aquela na qual corre tudo bem, em que muitas compras são feitas, porém asseguro que uma peregrinação é diferente, é uma viagem que fazemos para dentro de nós mesmos, percebendo nossas imperfeições, onde somos vulneráveis; percebemos nossos erros e acertos e o mais importante é reconhecer que não estamos sozinhos nesta viagem interior.

Deus não nos rejeita, nem quando erramos ou quando não vigiamos bem, nem quando somos incompreendidos. Ele nos deu uma Mãe que intercede e caminha ao nosso lado, conhecendo os segredos mais secretos do nosso coração.

Servirei a essa Mãe bondosa, zelosa e amorosa enquanto eu existir. Obrigada Mãe! Eu te amo!

Este livro foi impresso nas tipologias Arno Pro Display e Playfair Display SemiBold. Impresso pela gráfica Editora Evangraf em Dezembro de 2020.